성장하는 교회학교는
무엇이 다른가

성장하는 교회학교는 무엇이 다른가

· 초판 1쇄 발행 2016년 6월 29일

· 지은이 김청봉
· 펴낸이 민상기 · 편집장 이숙희 · 펴낸곳 도서출판 드림북
· 등록번호 제 65 호 · 등록일자 2002. 11. 25.
· 경기도 의정부시 가능1동 639-2(1층)
· Tel (031)829-7722, Fax(02)2272-7809

교회교육시리즈5

성장하는 교회학교는

무엇이 다른가

교사모집에서부터 리더십팀 개발까지

김 청 봉 지음

드림북

서문
성장하는 교회학교는 '사람'에게 집중한다

  몇 년 전의 일입니다. 동장군이 위세를 떨치던 1월 어느 주일날, 경기도의 한 교회에 초청을 받아 교사교육을 인도하였습니다. 그 교회학교는 좋은 교육관을 갖추고 있을 뿐 아니라 다른 교회에서는 볼 수 없는 다양하고 독창적인 프로그램으로 꽤 유명한 곳이기도 합니다. 교사들은 아멘으로 크게 응답하며 경청하였습니다. 그리고 열정에 넘쳤습니다. 추측컨대, 아이들을 돌보고 가르치는 일도 헌신적으로 하실 교사들이었습니다. 천국에 '명예의 전당'이 있다면, 그 곳에 이름을 올려놓아도 손색이 없을 분들 같았습니다.

  그런데 교사교육을 마치고 터미널로 바래다주는 승용차 안에서 뜻밖에도 교육부장이 낙담한 목소리로 말했습니다. "목사님, 저희 교사들은 대단합니다. 얼마나 열심인지 모릅니다. 그런데 교회학교는 왜 이렇게 침체하고 있는지 모르겠습니다." 으레 은혜받았다는 둥의 격식 차린 대화여야 할텐데, 서로 민망할 수 밖에 없었습니다.

  한번 생각해 봅시다. 이 교회학교가 정체된 것이 우리 사회가 겪고 있는 '저출산' 때문일까요? 그렇지 않습니다. 그 교회 옆에는 대규모의 아파트들이 속속 지어지고 있었습니다. 눈길을 끌

만한 프로그램이 없거나 첨단의 교육시설과 교육방법이 없기 때문일까요? 아닙니다. 그런 걸로 꽤나 알려진 교회학교였습니다. 두 주먹 불끈 쥐고 일하는 헌신된 교사가 없기 때문일까요? 그것도 아닐 것입니다. 명예의 전당에 헌정될 교사들이라고 말씀드렸습니다. 여러분이 교회의 지도자 그리고 교육목사, 교육전도사, 부장, 총무, 학년장(학년주임), 교구장(마을장, 지역장), 팀장 등의 교회학교 리더의 위치에 있다면, 여기에 대해 올바른 대답과 대책을 가져야 할 것입니다.

교회학교 사역의 진정한 힘은 '사람'이다

교회학교를 이끌어가는 힘은 무엇일까요? 넉넉한 재정, 좋은 교육시설과 건물, 잘 갖춰진 행정체제일까요? 아니면 멋진 프로그램과 행사, 매력적인 교재와 커리큘럼, 최신의 시청각 자료일까요? 그러나 이런 모든 것을 유용하게 활용하는 것은 결국은 '사람'입니다. 가장 혁신적이고 창조적인 계획과 프로그램조차도 그것을 효과적으로 운영하는 주체들이 준비가 되어 있지 않다면 결실을 맺지 못할 것입니다.

안타깝게도 많은 교회학교가 프로그램, 교재, 시설, 재정 등과 같이 눈에 보이는 '콘텐츠'contents에 관심을 기울일 뿐, 정작 콘텐츠를 효과적으로 풀어낼 수 있는 '프로세스'process에는 별로 주목하지 않습니다. '콘텐츠'를 의미있는 산출물로 만들어 내는 것은 '프로세스'입니다. 그렇다면 '프로세스'의 핵심을 이루고 있는 것은 무엇일까요? 그것은 관련 교역자와 교사들의 자질과 능력이며, 함께 일하는 이들의 하나 된 팀워크Teamwork입니다. 이것이 성장하는 교회학교의 특징입니다.

승리하는 팀을 위한 '교사계발'이 우선순위이다

여러분의 교회학교에는 교사들이 있습니다. 그 인원이 많든 적든 말입니다. 그들이 헌신적이든 그렇지 않든 말입니다. 건강하게 성장하는 교회학교를 원한다면 그 교사들을 계발하여 '승리하는 팀'으로 완성해야 합니다. 교사들이 자신이 맡은 분반만 잘 관리하는 것으로는 제대로 된 팀을 만들 수 없습니다. 교회학교는 제각각 분반을 담당하는 교사들의 단순한 합이 아닙니다. 교회학교가 팀으로 정말 유기적으로 하나가 되어야 엄청난 시너지가 생기고 마침내 건강하게 성장하는 것입니다.

여러분이 교회학교의 여러 부서와 분야에서 리더 역할을 맡고 있다면, 자신을 평가할 수 있는 중요한 기준은 "내가 얼마나 많은 일을 하느냐?"가 아니라 "내가 교회학교 사역에 얼마나 많은 사람을 동참시키고 그들을 계발시켜 드림팀을 만들고 있는가?"입니다. 한마디로 말하자면, 교회학교에서 리더의 역할은 '교사계발'이라고 할 수 있습니다.

일반적으로 교사계발을 생각할 때, 여러분은 아마 교사교육이나 훈련에 초점을 맞출 것입니다. 그러나 교사를 세우는 일은 단순히 교사교육으로 가능한 것이 아닙니다. 이 일은 종합예술과 같습니다. 교사계발은 다음과 같은 포괄적인 과정을 요구합니다.

〈승리하는 팀을 위한 교사계발의 6가지 과정들〉
1. 교사모집(Finding & Recruiting)

2. 비전발견과 공유(Visioning & Inspiring)
3. 효과적인 소통(Affirming & Caring)
4. 교사교육과 훈련(Training)
5. 임파워링(Empowering)
6. 리더십팀 개발(Leadership Team Development)

여러분이 이 6가지 과정을 잘 살펴본다면, '승리하는 드림팀'을 만들기 위한 유익한 지침과 아이디어들을 얻게 될 것입니다. 그리고 지금까지 알지 못했던 성장하는 교회학교의 비밀을 찾으리라 확신합니다.

이 책은 책상에서 고안되어 씌어진 책이 아닙니다. 필자의 오랜 교회학교 현장경험을 성찰하여 나온 책입니다. 여러분의 이해를 돕기 위해, 교육총괄 디렉터로 섬겼던 대전 한빛교회와 천안 하늘중앙교회의 생생한 사역현장의 자료들도 필요에 따라 실었습니다. 필자와 함께 했던 교회학교의 모든 스태프와 목자 선생님들에게 마음으로부터 감사와 존경을 표하고 싶습니다.

아무쪼록 이 책을 가까이 두고 긴요하게 참고하십시오. 교사들이 효과적으로 교사사역을 잘 감당할 수 있도록 한 분 한 분을 세워드리고 이들을 '승리하는 드림팀'으로 만들고자 하는 여러분에게 최고의 안내서가 되기를 바랍니다. 몇 해 전 칼바람이 불던 그날, 안타까운 마음을 하얀 겨울 입김에 서려 전해주신 부장님에게도 좋은 선물이 되었으면 합니다.

金靑峰

차 례

1장
교사모집, 어떻게 할 것인가?

교사모집 → 비전발견과 공유 →효과적인 소통 →
교사교육과 훈련 →임파워링 → 리더십팀 개발

　자원교사를 모집하는 일은 교회에서 연말이 되면 일어나는 전쟁과 같습니다. 대부분의 교회학교가 여태껏 해오던 교사모집의 방식들은 다음과 같습니다.

　A교회는 연말이 되고 새학기가 다가오면 늘 그랬듯이 교사를 어떻게 해서든지 모집하고는 한 숨 돌립니다. 그러다가 누군가가 결원이 생기면, 빈자리를 채우기 위해 이리 저리 교사될만한 사람을 찾아 나섭니다. 그래도 구하지 못하면 목사님께 부탁도 드려봅니다. 이런 필사적인 노력에 하나님이 도우셨는지 다행히 교사를 충원하게 됩니다. 그러나 언제 누가 교사를 관둘지 부장님은 늘 불안합니다.

B교회는 연말이 되었는데도 교사충원을 끝내지 못했습니다.
혹시나 하는 마음으로 주보에 광고도 내어봅니다. 교회 주보와
게시판에다가 "급! 교사모집. 누구든지 지원 가능합니다"라는
문구로 간절히 홍보합니다. 이도 여의치 않으면 다른 사역으로
봉사하고 있는 교인을 과감하게(?) 스카우트 해옵니다. 그래도

교사가 모자라면, 교사할만한 분에게 가서는 도와달라고 애걸을 합니다. 때로는 교사로서 헌신해야 할 것들을 감추면서, "그저 주일날 애들 잠시 봐주는 정도예요. 누구나 할 수 있어요."라는 식의 감언이설로 교사로 영입합니다.

대부분의 교회에서 이런 일은 해마다 악순환이 되어 일어납니다. 여러분 교회는 어떻습니까? 교사부족으로 인한 위기와 필요에 근거한 모집은 실패를 불러올 뿐입니다. 우리가 이러한 전통적인 교사모집의 방식을 바꾸지 않으면, 교회학교는 늘 정체에 빠지게 될 것입니다. 그렇다면 어떻게 하면 효과적으로 교사를 모집할 수 있을까요?

교사모집에 필요한 태도는 무엇인가?

여러분의 교회학교에서 교사모집은 고역스러운 짐입니까? 기쁨입니까? 이 차이는 어디에 있습니까? 그것은 교사모집에 대한 여러분의 태도와 철학에 달려있습니다. 다음의 물음들에 대해 대답해 보시기 바랍니다.

|성도들을 '일거리'로 부르고 있는가, '축복을 나누는 자리'로 부르고 있는가?

하나님은 한 사람의 성도일지라도 예배만 드리고 아무런 봉사도 하지 않는 '영적인 실업자'가 되기를 바라지 않으십니다. 하나님은 모든 자녀에게 걸맞는 갖가지 은사를 주셨습니다. 이는 그리스도의 몸을 세우고 하나님께 영광을 돌리는 일에 사용하라

고 성령께서 교회의 지체들에게 허락하신 특별한 영적인 능력입니다. 은사가 주는 참된 기쁨은 그것을 다른 사람과 나눌 때 맛볼 수 있습니다. 은사를 사용하지 않고 쌓아 두기만 하는 것은 자신을 포함한 어느 누구에게도 도움이 되지 않습니다.

가르치는 은사를 화제 삼아 교사로 초대하라

교회의 성도들을 관심 있게 살펴보라. 그러면 하나님이 예비해두신 가르치는 은사를 가진 사람을 발견할 수 있다. 어쩌면 그 사람은 자신이 가르치는 은사를 가지고 있다는 사실을 확신하지 못할 수도 있다. 그렇다면 그 사람에게 다가가서 말하라.

"제가 보아하니 당신은 가르치는 은사가 있습니다. 하나님은 그 은사로 하나님을 더욱 잘 섬기고 교회에 유익을 끼칠 것을 기대하십니다.". "당신이 하나님의 영광과 그리스도의 몸된 교회의 유익을 위해 그 은사를 사용하겠다고 마음을 먹으면, 하나님께서 도와주실 것이고 앞으로 훌륭한 교사가 될 것입니다.". "당신이 가진 그 은사를 사용할 때, 우리 교회학교 아이들이 얼마나 좋아할까요!"

우리가 성도들을 교사로 모집하는 것은 교회학교의 일거리로 그저 도우미를 모집하는 일이 아닙니다. 그것은 가르치는 은사(롬12:7, 고전12:28, 엡4:11)로 다음세대를 섬기는 특권에 참여하도록 초대하는 일입니다.

교회학교는 '은사 종합선물 세트'의 현장이다.

가르치는 은사라고 하더라도 개인에 따라 아주 다양하게 나타날 수 있습니다. 예를 들면, 연령에 따라 가르치는 은사가 다르게 나타날 수 있습니다. 어떤 교사는 학령전 아이들을 잘 인도하고, 어떤 이는 고등부 학생들을 잘 지도하는 경우를 봅니다. 그리고 아이의 인원에 따라 은사가 달라질 수 있습니다. 어떤 이는 3~4명 정도의 적은 인원을 잘 지도하고, 또 다른 교사는 많은 규모의 아이들을 능숙하게 지도합니다.

그리고 은사에 따라 교사사역의 형태가 달라질 수 있습니다. 예를 들면, 교사들을 잘 이끌 수 있는 리더십의 은사를 가진 교사가 있습니다. 혹은 소그룹을 잘 지도하는 은사의 소유자도 있습니다. 혹은 교회학교의 행정을 잘 하는 분도 있습니다.

또한 교회학교 교사들이 모두 가르치는 은사만 있어서도 안됩니다. 다른 은사를 가진 분들도 있어야 합니다. 예컨대, 아이들을 탁월하게 권면하는 은사가 있거나, 적절하게 격려하고 칭찬하는 은사도 있습니다. 아이들을 잘 돌보거나, 아이들의 말을 잘 경청하거나, 아이들과 유머와 대화를 즐겨하거나, 아이들에게 효과적으로 전화하거나, 그들을 위해 기도하거나, 놀아주거나, 율동 혹은 찬양하기를 좋아하거나, 환경 꾸미기를 좋아하거나, 심지어 아이들 입맛에 맞게 요리나 간식을 잘 만드는 성도들도 있어야 합니다. 이러한 다양한 은사들로 가득한 '은사 종합선물 세트'는 우리 아이들을 더욱 행복한 하나님의 자녀로 자라도록 해줄 것입니다. 우리는 이런 다양한 은사들을 나눌 수 있는 복된 현장으로 성도들을 초대하는 것입니다.

| 교사는 '도구'인가, '목적'인가?
우리는 자원교사를 봉사의 일을 위한 '수단'이나 '도구'로 생각

해서는 안됩니다. 오히려 자원교사 자체가 '목적'이 되어야 합니다. 그들은 사역하는 것만으로도 충분한 가치가 있습니다. 비록 그들이 우리가 원하고 기대했던 만큼 성과를 올리지 못한다 하더라도 그들은 자신의 은사를 가지고 봉사하는 과정에서 성장하고 행복을 맛보기 때문입니다.

우리가 교사로 성도를 모집하는 것은 교회학교 사역을 즐길 수 있는 사람들을 찾기 위한 지속적인 초대입니다. 이는 교사 자신에게도 만족감을 주는 일입니다. 이런 점에서, 성공적인 교사 모집은 '교회의 필요'에 근거한다기보다 오히려 자신의 은사와 강점을 가지고 봉사함으로써 보람과 기쁨을 얻고자 하는 '성도의 필요'에 근거합니다.

교사사역을 통해 성도들이 누리는 자기성장과 축복은 얼마나 멋진 것입니까! 우리는 그들에게 의미있는 섬김의 기회를 소개하는 것입니다. 교사사역을 통해 그들은 자신이 교회와 하나님을 위해 가치 있는 공헌을 하고 있다는 자부심과 함께 누군가에게 필요한 존재가 되고 유익을 끼치는 사람임을 느끼게 될 것입니다.

|교사모집은 '우리의 일'인가, '하나님의 일'인가?

교사를 모집하는 일은 우리의 일이 아니라 교사사역으로 신실한 사람들을 부르시는 하나님의 일입니다. 하나님은 우리보다 우리의 바람을 더 잘 알고 계십니다. 하나님은 우리보다 다음 세대를 더 사랑하십니다. 하나님은 우리가 할 수 있는 것보다 사람들의 마음을 더 잘 움직이십니다.

모집자로서 우리는 다만 하나님의 도구일 뿐입니다. 우리의 일은 교사모집에 놓여져 있는 장애물을 없애는 것이며, 이로써 성도들은 교사로서 성공적으로 하나님의 영광을 위해 봉사할 수 있게 되는 것입니다. 이러한 태도를 지니게 될 때, 우리는 성도들을 봉사하는 일로 부르시는 분은 하나님이심을 알기 때문에 온갖 사탕발림으로 모집하지 않습니다. 우리는 구걸하는 자가 아니라 하나님의 일에 그들을 부르는 초대자입니다.

|하나님께서 필요한 교사들을 예비하셨음을 믿는가?

우리는 "우리 부서에 교사 몇 명만 더 있다면…" 하고 안타까워하곤 합니다. 그런데 이렇게 말하기만 할 뿐, 후보교사를 제대로 찾지 않습니다. 그 이유는 교사할만한 사람은 더 이상 없을 것이라고 믿기 때문입니다. 이것은 참으로 잘못된 믿음입니다. 성도들이 교사로 지원하지 않는 큰 이유는 대부분 우리에게 있습니다. 우리가 교사할 만한 사람이 없다고 믿고 요청하지 않기 때문입니다.

예수님은 추수할 일꾼을 보내달라고 간구하라고 말씀하셨습니다. "그러므로 추수하는 주인에게 청하여 추수할 일꾼들을 보내 주소서 하라 하시니라."(마9:38, 눅10:2). 이 약속에 미루어볼 때, 하나님은 사역에 필요한 일꾼들을 예비해 놓으신다는 것을 확신할 수 있습니다. 하나님께서 추수할 일꾼을 보내지 못할 분이라면, 예수님은 우리에게 "추수할 일꾼들을 보내어 달라고 구하라"고 말씀하지도 않았을 것입니다. 하나님은 하신 말씀을 반드시 이루도록 예비하는 분이십니다.

하나님은 다음세대를 위한 사역에 함께 할 성도를 예비해 주심을 믿어야 합니다. 다만 우리는 우리의 필요를 믿음으로 아뢰고, 하나님의 도움 없이는 우리의 사역을 완수할 수 없음을 간구해야 합니다. 그때 하나님은 예비된 교사들을 모집하는 일에 함께 하실 것입니다.

|교사직은 하찮은 일인가, 헌신을 요구하는 일인가?

교사모집이 교회에서 어려운 일이 되어버린 이유 중의 하나는 교사직에 대한 기대치를 너무 낮추어 버렸기 때문입니다. 우리는 성도들에게 교사사역에 대해 많은 것을 요구하지 않을 때, 교사모집이 더 잘 될 것으로 생각하기 쉽습니다. 그러나 그렇지 않습니다. 만약 어떤 것이 공짜라거나 너무 값이 싸다면, 그것을 소유할만한 가치가 없을 것입니다. 여러분이 교회에서 "아무나 교사가 될 수 있다"는 메시지를 전달한다면, 교사직을 너무 값싸게 파는 일이며 교사 직분의 중요성을 감소시키고 말 것입니다.

저는 최근에 한 거리에서 인상적인 타이어 판매점을 보았습니다. 타이어 파는 가게들이 흔히 쓰는 광고는 "앗! 타이어 신발보다 싼 곳"입니다. 그런데 이 가게는 이렇게 점잖게 대꾸하고 있었습니다. "타이어는 신발이 아닙니다. 타이어는 생명입니다!"

교사모집에서도 흔히들 맛없는 미끼를 던지면서 교사로 유혹(?)합니다. "아무나 할 수 있습니다!"라고 기대치를 낮추면서 모집합니다. 교사란 주일날 잠시 짬을 내어 아이들을 봐주는 사람이며, 교회학교에서 아이들을 가르치는 일은 쉬운 일이며, 교사직은 어떤 특별한 훈련을 요하는 것이 아니라고 말한다면, 교사사역의 가치를 우리 스스로 손상시키는 일이 되고 말 것입니다. 아무나 할 수 있고 아무런 훈련을 요하지도 않는다면 어떻게 그 일이 중요한 것이 되겠습니까?

교사는 누구나 할 수 있는 것은 아닙니다. 교사직분을 헐값으로 내놓지 마십시오. 사람들은 하찮은 일보다는 도전해볼만한 일에 대해 반응합니다. 사람들은 어떤 일이든 자신이 하려는 일이 중요하다고 느끼길 원합니다. 리더가 교회학교를 시시한 것으로 여기면, 그 교회학교도 시시하게 될 것입니다. 그러나 높은 기대를 가질 때 교회학교는 탁월하게 되며 교사모집은 보다 쉽게 이루어 질 것입니다. 교사가 부족하다고 할지라도 긍지를 가지고 사역할 사람들을 원해야 합니다. 그리고 교사로서의 진지한 헌신과 책임, 그리고 훈련을 기대하고 그것을 분명히 표현하면서 교사로 초대해야 합니다.

교회학교의 브랜드 가치를 높이라

지금은 브랜드시대입니다. 현대인은 상품이 아니라 이미지를 구입합니다. 소비자들은 브랜드가 주는 이미지와 그 느낌을 총체적으로 평가하고, 그 평가가 제품 자체인 양 믿는 것입니다. 기업에서 광고하는 이유는 이처럼 브랜드 가치를 높이고 축적하기 위해서입니다. 그래서 기업은 광고할 때에 상품의 기능에 대해서는 별 언급을 하지 않습니다.

예를 들면, 나이키 광고를 보십시오. 스타선수들이 등장해서 재미있게 놀다가 마지막에 "저스트 두 잇(Just Do It)!" 하면서 끝납니다. 나이키가 만든 용품의 우수성이나 기능 등에 대해서는 아예 말하지 않습니다. 나이키의 브랜드는 번개표의 모양으로 단순하게 표시되어 있습니다. 소비자들은 그 브랜드 값으로 용품을 구매하는 것입니다. 나이키 신발에 들어간 고무원료는 자동차 타이어에 들어간 고무원료보다 훨씬 적지만 가격은 오히려 비쌉니다. 그것은 이미지 값입니다. 말하자면 소비자는 신발을 신는 것이 아니라 브랜드를 신는 것입니다.

이처럼 이미지로 돈 버는 시대입니다. 그래서 기업들은 TV 광고를 통해 자신의 이미지를 구축하고 그에 맞는 상품이나 서비스를 지속적으로 제공하려고 노력합니다. 교사모집도 이와 비슷합니다. 브랜드가 기업의 가치를 결정하는 소중한 무형자산이듯이, 여러분의 교회학교도 성도들에게 친근하고 희망적인 곳으로 각인되어야 합니다. 효과적인 교사모집이 되기 위해서는, 먼저 교사와 교회학교에 대한 긍정적인 이미지를 높이는 것이 중요합니다. 이것이 많은 교사를 모집하기 위한 선결과제입니다.

|담임목사가 중요하다

교회의 담임목사님은 이를 위해 가장 잘 도울 수 있는 위치에 있습니다. 담임목사님은 강단에서 교회학교 사역이 얼마나 중요한지를 직간접적으로 알리고 교사와 관련된 긍정적인 사례들을 이야기 해주어야 합니다.

그런데 적지 않은 목사님들이 강단에서 교회학교 이미지를 추락시키곤 합니다. 예를 들면 헌신을 주제로 설교하면서 교사들이 지각을 하고, 맡은 아이들을 제대로 돌보지 않는다는 이야기를 합니다. 오래된 교사들을 알도 못 낳는 '묵은 닭'에 비유하곤 합니다. 설령 그렇다 치더라도 이런 식의 말씀은 교사의 사기를 떨어뜨릴 뿐만 아니라 성도들에게도 교회학교와 교사에 대한 나쁜 이미지를 심어주는 것입니다. 담임목사님이 자신의 교회학교를 깎아내리는 것은 아름답게 보이지도 않을 뿐 아니라 브랜드를 스스로 추락시키는 일입니다.

살벌한 세상의 기업들로 치면, 경쟁기업들은 서로가 부정적인 시각으로 타사 브랜드를 평가하고 소비자에게 알리려고 갖은 수단을 씁니다. 심지어 악성루머까지 퍼뜨립니다. 경쟁 브랜드가 실제로 치명적인 과오나 결함이 있다면 더 말할 것도 없습니다. 그런데 교회는 자기 스스로를 갉아먹습니다. 이처럼 어처구니없는 일을 해서야 되겠습니까?

담임목사님은 교회학교의 브랜드 가치를 의도적이고도 지속적으로 높여야 합니다. 성도들이 교회학교를 친근하게 느낄 수 있도록 그 역할을 해야 합니다. 강단에서 자주 교사들을 치켜 세워주고 항상 신뢰를 보여주어야 합니다. 그리고 기회가 되는대로 교회학교의 희망을 팔고, 교회학교의 가치를 전달해야 합니다. 때로는 교회학교를 말씀으로 우아하게 '뽀샵'해 주시면, 성도들은 교사사역에 대한 좋은 이미지를 가지게 될 것입니다.

| 전략적으로 홍보하라

브랜드를 높이기 위해서 전략적으로 홍보해야 합니다. 성도들에게 교회학교의 활동들을 소개하거나 홍보하는 다양한 기회들을 만들고 있습니까? 교회학교의 중요성과 의미를 심화하고 공

유하는 기회들을 가지고 있습니까? 예를 들면, 교회학교 진흥 캠페인promotional campaign을 계획하고 실시하고 있습니까? 얼마나 자주 효과적으로 교회학교의 행사와 이벤트들을 공개하고 있습니까? 부모님을 초대하여 교회학교 비전과 정책을 소개하고 있습니까? 교회학교에서 일어나고 있는 좋은 일들, 긍정적인 일들, 열정적인 스토리들을 모든 가능한 방법과 매체를 통해 전달하고 있습니까? 교사모집을 위한 팸플릿, 브로슈어 등을 효과적으로 활용하고 있습니까? 성도들은 교회학교가 체계적이고 열정이 있다는 것을 느낄 때 교사사역에 참여하려는 마음이 더욱 생길 것입니다.

| 현장노트 |

🍃 교사 지원을 위한 Q&A

Q. 나는 여러가지로 부족한데 교사직분을 감당하기는 어렵지 않을까요?

A. 하나님은 '완벽한' 교사를 찾지 않으십니다. 다만 하나님을 사랑하고 다음세대를 향한 마음과 관심을 가지고 있으면 됩니다.
비록 많은 점에서 부족할 수 있지만 나만이 가지고 있는 장점을 최대한 활용하면 좋은 교사가 될 수 있을거에요.
아마 그밖 다른 사람들에게 "저 같은 사람도 교사를 합니다" 라고 말씀하실 수 있을 거에요.

Q. 교사를 하면 시간을 많이 빼앗기지 않나요?

A. 그렇지 않습니다. 일반 교사들의 경우 일주일 168시간 중에 토요일과 주일을 중심으로 3~4시간 정도입니다. 물론 좀 더 열심히 하시려면 더 많은 시간을 봉사하면 됩니다.
168시간 중에 3~4시간은 결코 많은 시간이 아녜죠?
분반을 맡지 않은 교사들의 경우는 이 보다 더 적은 시간으로 봉사할 수 있습니다.

Q. 꼭 분반담당 교사(정교사)를 해야 하나요?

A. 맞주변에 용기가 나질 않습니다.
교사는 분반을 맡은 정교사만 있는 것이 아닙니다. 정교사를 돕는 인턴교사와 협력교사를 하실 수도 있습니다. 혹은 자신의 재능과 특기를 살려서 봉사하는 특기교사도 있습니다.
예를 들면 아이들을 직접 가르치지 않고도 예쁘게 꾸미는 일을 좋아시는 분은 그 분야로, 스포츠를 좋아하면 스포츠로, 예배의 음사가 있으신 분은 그 분야에서 파트타임으로 봉사하면 됩니다. 그 외에도 동화구연, 찬양율동, 악기연주, 사진/영상, 행정분야 등에서 봉사하실 수 있는데, 그 외에도 카물로, 기도로, 물질 등으로 돕는 후원교사로 봉사할 수도 있습니다.

🍃 이렇게 섬길 수 있어요

교사구분	교사역할
정 교사 (분반목자)	반을 담당맡아 아들을 양육
인턴교사 (예비목자)	정교사를 도와 이후에 분반 담임교사로 봉사 (정교사가 되기 위한 수련과정)
협력교사 (보조교사)	정교사 보조를 담당 (정교사는 하지않고 도와주는 역할만 담당)
특기교사	재능과 관심분야를 살려 봉사 - 다양한 분야의 특기가 예) 환경꾸미기, 장식, 동화구연, 인형극, 사진촬영, 까페관리 등. - 특기에 따른 동아리 지도 예) 스포츠, 찬양, 악기연주 등 - 팀(예배팀, 행정팀, 양육팀, 홍보팀, 새친구팀 등)에서 봉사
단기교사	특정기간동안 봉사 (계절성경학교, 수련회 등)
후원 교사	기도	교회학교를 위해 정기적으로 중보기도
	재정	교회학교를 위해 정기후원및 특별후원
	카물	자가용이나 봉고차로 카물
	봉사	안내, 청소및 미화, 각종 도우미 등

🔺 한빛교회 교회학교

내 생애 가장 아름다운 봉사
"교사"

작은씨앗 큰열매

영아부

영아부는 1~3세의 귀여운 아이들이 앞으로 하나님의 사람으로 자라도록 교회와 가정이 함께 협력하는 부서입니다.
신체적, 영적, 지적으로 가장 중요하고 민감한 발달이 이루어지는 이 시기에, 어미의 마음으로 함께 하실 분을 초청합니다.

★문의 / 노희명 전도사 010-8010-8498

유치부

유치부는 6~7세의 학령전 아이들로 구성됩니다.
글도 제법 쓸 줄 알고 참도 잘 알아들고 특히 찬양하는 모습이 얼마나 깜찍한지...
이런 천사같은 친구들에게 참 좋으신 분을 기다립니다.

★문의 / 김현경 전도사 010-3116-8333

아동부

아동부는 초등학교 어린이들을 하나님 닮으로 인도하며 말씀 위에 세우는 일에 최선을 다하고 있습니다.
우리 친구들에게 하나님의 말씀의 소중함과 사랑을 보여주실 분을 기대합니다.

★문의 / 이종만 목사 010-7436-4755

유아부

유아부는 4~5세의 사랑스러운 아이들이 모여 예배하는 곳입니다.
아이들의 믿음을 키워 나가는데
사랑으로 품어주실 아껴주실 분을 기다립니다.

★문의 / 황안아 전도사 010-2918-1160

영어아동부

영어아동부는 6세~초등부 어린이들이 영어와 영성을 갖춘 글로벌 리더로 자라도록 돕고 있습니다.
영어라고 겁먹지 마세요.
영어를 잘~알 못해도 교사로 섬길 수 있습니다.
모든 선생님과 아이들이 원하는 건 오직 하나!
Let's have fun with jesus & English!

★문의 / 최은미 간사 010-5133-3116

청소년부(중등부.고등부.고3/수험생부)

청소년부는 한 영혼 한 영혼을 소중히 여기는 목자들과 세상을 변화시킬 학생들이 함께 어우러져 사도행전 부흥을 이루기 위해 노력하는 청소년 공동체입니다.
청소년에 대한 관심과 비전을 조금이라도 가지신 분들은 망설이지 말고 지원해 주십시오.

★문의 / 박남규 전도사(중등부) 010-6664-7088
김용태목사(고등부) 010-6808-7429
박한수 전도사(고3/수험생부) 010-3942-7377

당신을 교회학교 교사로 초대합니다

2015년도, 가장 아름다운 섬김의 현장으로 오십시오.

아무나 할 수 있는 것은 아닙니다.
자라나는 세대에 대한 사랑이 있는 사람이어야 합니다.
누구나 할 수 있는 것은 아닙니다.
아이들을 위해 기꺼이 자신의 시간과 마음을 내어줄 수 있는
사람이어야 합니다.
아무나, 누구나 할 수 있는 것은 아니지만 누군가는 꼭 해야
하는 사역입니다.

여러분이 바로 '그 누군가'가 되어 주십시오.
하나님께서 고마워하실 것입니다.
하나님께서 축복하실 것입니다.
하나님께서 도와주실 것입니다.

다음과 같은 부서에서 교사로 섬길 수 있습니다.

유아부/ 유치부/ 아동부/ 중등부/ 고등부

(자세한 안내는 뒷면을 보세요)

--------------------(교사신청)--------------------

* 교사하기를 원하시는 분은 안내위원 혹은 사무실로 제출바랍니다

원하는 부서:

_____교구 성함_____ 연락처_____

♥ 이렇게 교사로 섬길 수 있습니다 (부서 교사모집 부문)

교사모집 부문		교사역할
정 교 사 (분반목자)		반(목장)을 담임 맡아 아이들을 양육, 지도
인턴교사 (예비목자)		정교사를 도와 이후에 분반 담임교사로 봉사 (정교사가 되기 위한 수련과정)
협력교사 (보조교사)		정교사 보조를 담당 (정교사는 하지 않고 도와주는 역할만 담당)
특기교사		재능, 전문성, 관심분야를 살려 봉사 – 다양한 분야의 특기자 ex) 환경꾸미기, 장식, 동화구연, 인형극, 사진촬영 등 – 특기에 따른 동아리 지도 ex) 스포츠, 찬양, 악기연주 등의 동아리 지도 – 팀(예배팀, 영상팀, 행정팀, 양육팀, 홍보팀, 새친구팀, 찬양율동팀, 환경미화팀, 중보기도팀 등)에서 봉사
후원 교사	기도	교회학교, 교사, 그리고 다음세대를 위한 기도요청시 중보기도 해주실 수 있는 분
	재정	교회학교를 위해 정기후원 및 특별후원하실 분
	교통 (카풀)	자가용이나 봉고차로 아이들 수송을 도와주실 분
	봉사	안내, 청소 및 미화, 특별행사시 봉사, 각종 도우미 등

* 자세한 사항은 010-3909-8789(교육목사)로 연락주세요.

후원교사 모집

천사가 따로 있나요?
카풀로 도와주는 분이 천사죠!

교회학교 아이들 카풀을 긴급히 필요로 하는 지역입니다.
성도님의 카풀 동역을 기다립니다. 차량의 남는 자리로
카풀하실 수 있는 분은 망설이지 마세요.

(아동부)

탑승지역	주일탑승시간
백석동 주공 11단지 CU앞	11시 10분
백석동 푸르지오	11시 10분
백석동백산 이수아파트	11시
백석동 아이파크1차	11시
두정동 서해 그랑블파트	11시
용곡동 세광아파트	11시

(중·고등부)

탑승지역	주일탑승시간
아산 트레펠리스	8시 45분
교회주차장 (도착지:아산 배방읍 금호아파트)	교회에서 11시 20분
교회주차장 (도착지:아산 배방읍 휴먼시아)	교회에서 11시 20분

이름 / 직분		핸드폰	
카풀 가능한 지역 및 시간을 기록해 주세요			

특기교사 모집

교사 중의 교사는?
동아리 지도 교사!!

교회학교 아이들과 함께 하면서 그들의 재능과 은사를
키워주실 동아리교사를 기다립니다.

스포츠 동아리 : 탁구, 배드민턴(아동부), 농구, 배드민턴(중.고등부)
학습 동아리 : 아동부 영어반, 중등부 영어반
악기 동아리 : 통기타, 오카리나, 그 외 악기(아동부) 통기타, 그 외 악기(중고등부)
워십팀 : 유치부 워십지도
봉사활동 지도 : 사회복지 기관 재직하시는 분, 혹은 봉사활동 지도가능하신 분
기타 재능기부 : 자신의 은사와 재능을 가지고 아이들을 지도하실 분

이름 / 직분		핸드폰	
지도 가능한 동아리를 기록해 주세요			

교사가 되려는 동기들을 감성적으로 터치하라

교사모집 홍보를 "교사가 부족합니다. 교회학교를 도와주세요."라는 식으로 늘 한다면, 대부분의 성도들은 어떻게 받아들일까요? "너무 안됐다. 누군가가 교회학교를 위해서 고생해야겠구먼."이라고 생각할 것입니다. 심지어 어떤 성도는 "그래서 뭐? 나보고 교사하라고? 내 자식 건사하기도 바빠." 라며 심드렁해 할 것입니다. 이런 식의 홍보를 사용하는 것은 교사수급의 어려움에 호소하면서, 지원자의 희생과 땀만을 요구하고 있는 것처럼 보이기 때문에 적절하지 못한 메시지입니다.

교사모집 홍보를 제대로 하려면, 성도들을 교사로 유혹해야 합니다. '유혹'이라는 말을 부정적으로 받아들이지 마십시오. 유혹이란 자신의 동기와 필요를 알도록 해서 스스로 움직이게 하는 것을 말합니다. 성도들을 어떻게 교사로 유혹할 수 있을까요? 교회학교 입장에서, 우리의 필요와 의도로 성도들을 움직이려고 하면 꼼짝하지 않습니다. 그들의 마음을 움직여야 합니다. 그러기 위해서는 교사가 되면 어떤 심리적인 가치가 있는지 알려야 합니다. 성도들의 마음에 장치되어 있는 '가치버튼'을 살짝 터치해 주어야 합니다.

그것은 교사가 되려는 여러 동기들을 잘 건드려 주는 것을 말합니다. 성도들은 모두가 같은 이유로 교사로 자원하려고 하지 않습니다. 그들은 다양한 동기로 자원하려는 마음을 가집니다. 물론 자신이 그런 동기가 있는지 조차도 잘 모를 때도 많지만 말입니다. 예를 들면, 교회학교가 내세운 대의명분에 공헌하려는 마음으로, 교사로 무언가 이루어 보겠다는 도전감으로, 혹은 교사직을 탁월하게 함으로써 인정받으려는 마음으로 교사직에 관심을 가질 수 있습니다.

어떤 성도는 어린 아이들과 함께 있고 싶어서, 새로운 사람들을 사귀기 위해, 혹은 소속감을 가지고 외로움을 이기려고 교사 모집에 응할 수 있습니다. 사람들은 자신의 삶에서 큰 변화(자녀 죽음, 부부의 사별이나 이혼, 자녀출가, 새로운 지역으로 이사 등)를 경험하게 되면 이런 경향을 보입니다.

어떤 성도는 단조로운 교회생활로부터 벗어나기 위해 교사직에 관심을 가질 수도 있습니다. 어떤 성도는 교사가 모자란다는 소식에 그저 마음이 아파 교사로 지원하기도 합니다. 애통의 은사(?)가 강한 분들입니다. 물론 이런 분은 거의 없습니다. 때로는 의무감 때문에 내키지 않은 마음으로 교사로 오는 경우도 있습니다. 그들은 종종 순교자 콤플렉스를 지니고 있는데, 목사님 말씀에 잘 순종하는 분들입니다. 최고의 자원교사는 아닐지라도 도움이 될 수 있습니다. 자기 계발과 성장과 보람을 위해 교사직에 관심을 가지기도 합니다. 그들은 자신의 직업이 제공하지 못하는 어떤 것을 성취하고 도전하려는 마음이 강합니다. 그들의 직업적인 일에서 전문적이며 재정적인 보상을 받지만 개인적으로 성취감을 누리지는 못하기 때문입니다.

이와 같이 사람들은 다양한 이유와 관심과 동기를 가지고 교사모집 홍보물을 봅니다. 그래서 홍보물을 만들 때는, 이러한 여러 동기와 욕구needs에 호소할 수 있어야 합니다. 자원교사 모집 메시지에 이러한 욕구를 포함시킴으로써 단순히 교사의 행위를 하는 것이 아니라 자신에게 어떤 도움과 유익이 있는지를 알려주어야 합니다.

교사모집 홍보물, 무엇을 고민하고 만들어야 하는가?
*성도들을 교사직으로 이끄는 일반적인 욕구들은 무엇인가?
*지원자들에게 주어지는 기회, 도전, 가치, 보답은 무엇인가?
*위의 질문에 대한 고민을 담아 이 욕구에 호소할 수 있는 메시지를 어떻게 만들 것인가?

| 현장노트 |

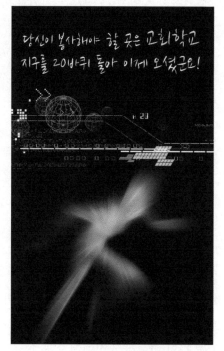

"우리 아이들에게
어르신이 필요합니다!"

어르신 여러분을 필요로 합니다.
핵가족시대에 할아버지 할머니 없이 자란 우리 아이들에게
좋은 할아버지, 할머니 역할을 해주세요!

> 영아,유아,유치부에서 하실 수 있는 일
>
> 분반교사, 동화구연, 인형극, 간식준비,
> 안내위원(부서입구에서 아이들 맞아주기),
> 품기도 교사(주일날 부서실로 들어오는 아이들 한 명 한 명 축복기도해주기)

"이제 이 늙은 나이 먹어 늙었습니다.
하나님 버리지 마옵소서.
당신에서 떨칠 메사 이루신 일,
그 힘을 오고 오는 세대에 전하게 하소서."
(시편 71:18)

문의전화: 010-2918-1160

LOVE
한빛교회 영아부·유아·유치부

모험적인 여행을 원하는
성도 구함!

급여는 전혀 없습니다.
심지어 자기 돈을 쓸 수도 있습니다.

광장히 까칠하고 변덕스러운
십대아이들과
매주일 함께해야 하며,
성공하리라는 보장은 없습니다.

단, 성공했을 경우에는
청소년부 십대의 영웅이
될 수 있음!
또한 신앙의 부와 명예를
얻을 수 있음!

연락은 007, 다이얼을 돌려라~

문의전화: 010-6808-7429

한빛교회 청소년부

다음세대에게 믿음의 유산을 계승하는 교회,
그 일에 동참하게 하옵소서!

주님, 믿음의 유산을 혈육의 자녀에게만
물려주는 것으로 만족하는 성도들이 되지 않게 하옵소서.
이 시대는 재산을 기부하는 시대로 변하고 있습니다.
믿음의 재산을 우리끼리 움켜쥐지 않고,
교회의 어린아들과 청소년들에게도
기꺼이 나누려는 마음을 허락하여 주옵소서.

한빛감리교회
교육부
.AM

누구에게나 마음 속의
선생님이 필요합니다.

**당신이
주인공이
되어 주십시오!**

하늘중앙교회교육부

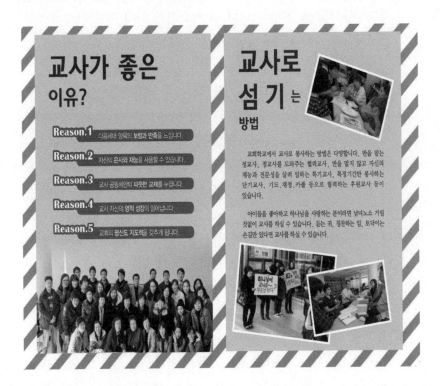

교사모집을 위한 Five Do-It

예수님이 예루살렘에 입성하실 때 타고가실 어린 나귀새끼를 구한 것처럼, 교사를 구하는 일이 그렇게 쉽다면 얼마나 좋겠습니까? 그러나 교사를 모집하는 일은 쉬운 일이 아니며 종종 우리를 낙담에 빠뜨립니다. 그렇기 때문에 교사모집은 인내를 가지고 전략적으로 해야 합니다. 교사모집을 위해 해야 할 5가지 실천사항은 다음과 같습니다.

|첫째, 기도로 모집하라

교사모집은 일꾼을 보내달라고 하나님께 간구하는 것으로부터 시작합니다. 기도는 교사를 얻기 위한 가장 중요한 자원입니다. 예수님은 일꾼을 선택하실 때 기도로 시작했습니다. 예수님은 사도가 될 사람들로 열두 명을 선택하셨습니다. 이 일은 대단히 중요한 일이었기 때문에, 주님은 기도로 밤을 지새우셨습니다. "이때에 예수께서 기도하시러 산으로 가사 밤이 새도록 하나님께 기도하시고 밝으매 그 제자들을 부르사 그 중에서 열둘을 택하여 사도라 칭하였으니"(눅6:12~13)

예수님은 40일 광야에서의 기도와 금식기간동안 하나님께 어떤 것에 대해 기도하였는지에 대해서 기록이 없으므로 정확히 알 수 없습니다. 그러나 주님은 적절한 사람들을 얻을 수 있기를 간청하셨을 것으로 추측할 수 있습니다. 왜냐하면 예수님이 광야를 나오신 후에 하신 첫 번째 일은 일꾼(제자)들을 모집하셨기 때문입니다. 이처럼 주님은 일꾼모집의 첫째 순서가 기도임을 직접 보여주셨습니다.

또한 주님은 "추수할 것은 많은데 일꾼이 적다. 그러므로 너희는 추수하는 주인에게 일꾼들을 추수밭으로 보내달라고 청하라."고 말씀하셨습니다(마9:38, 눅10:2). 예수님은 일꾼이 적음을 지적하고 나서 새로운 방법을 제시하지 않으셨습니다. 다만 하나님께 "요청하라Ask"고 말씀하셨습니다. 이 말씀은 오늘날에도 진리입니다. 예수님도 일꾼을 얻기 위해 기도하셨다면, 우리는 말할 것도 없지 않겠습니까? 기도는 교사모집을 하는 첫 시기에 한 번 하고 마는 그런 것이 아니라 지속적인 간청이 되어야 합니다.

교회학교 사역은 부르심에 관한 일입니다. 우리가 성도들의 마음을 움직여 행동하도록 설득하기는 부족합니다. 우리가 할 수 있는 일은 하나님께 우리가 바라는 것을 신실하게 아뢰는 것이며, 성도들을 그들의 삶에서 하나님의 부르심이 무엇인지를 분별하도록 초대하는 것입니다.

교회학교 사역에 필요한 사람을 위해 계속 기도하시기 바랍니다. 성도들의 마음속에 다음세대를 위한 영적인 부담감이 생길 수 있게 해달라고 기도하십시오. 성령 충만한 사람들이 교회학교 사역에 함께 하기를 기도하십시오. 그럴 때에 우리는 하나님께서 일꾼들을 공급해 주시리라 기대할 수 있습니다.

| 둘째, 개인적으로 요청하라

성도들이 교사로 자원하지 않는 이유 중의 하나는 우리가 개인적으로 찾아가 제대로 요청하지 않기 때문입니다. 물론 성도들은 교사모집에 대한 광고를 듣기도 하고 교사모집 홍보지나

게시물도 보았을 것입니다. 하지만 아무도 일대일로 그들을 만나서 도움을 요청하지 않습니다.

사람들은 자신이 알고 신뢰하는 사람으로부터 듣는 직접적인 호소에 반응합니다. 성도들이 교사로 자원하는 큰 이유는 자신이 알고 있는 누군가가 직접 요청하였기 때문입니다. 그렇다면 우리가 할 일은 분명합니다. 성도들 가운데 예수님을 사랑하고, 신실하며, 우리 주변의 교제권 속에 있는 자들을 관찰해야 합니다. 그리고 기도하는 가운데 그들을 만나서 요청해야 합니다.

그러나 숨 쉴 틈도 주지않고 즉석에서 교사가 되어달라고 요청해서는 안됩니다. 예배 후에 교회복도에서 지나치듯이 잠깐 만나 교사로 요청해서는 안됩니다. 두 사람만의 조용한 시간을 내어서 만나야 합니다.

교사들을 활용하여 모집하고 있는가?

버즈마케팅Buzz Marketing을 아십니까? 입소문 마케팅입니다. 이미 모집된 교사가 교사를 모집하는 것만큼 효과적인 모집은 없습니다. 현재의 교사들이야 말로 가장 훌륭한 모집자입니다. 훌륭한 교사들 주변에는 또한 그와 비슷한 사람들이 있게 마련입니다.

예수님은 제자들에게 제자될 만한 또 다른 사람을 데려오도록 하셨습니다. 베드로를 예수님께 데려온 자는 안드레였습니다. 빌립도 나다나엘을 불러 왔습니다(요1:35~51). 이처럼 주님이 열두 제자를 선발하는데 누군가를 믿고 맡겼다면, 교회학교 리더들도 교사들로 하여금 후보교사를 개인적으로 직접 만나 모집할 수 있도록 격려해야 되지 않겠습니까? 또한 리더는 교사들이 〈후보교사 명단〉을 작성하도록 하는 것이 좋습니다. 교사들은 이를 통해 교사모집을 자신의 일로 여기고 적극적으로 협력할 수 있습니다.

| 현장노트 | – 후보교사명단

주여, 예비된 목자 50명을 주옵소서!!!
함께 했으면 하는 후보교사를 추천해 주세요
함께 기도하는 가운데 모집합시다!

후보 교사 이 름 및 직분	지역(거주지)	연 락 처	추천사유 및 후보자 소개	추천자 이름	섭외결과

내 생애 가장 아름다운 봉사! 적절한 사람들에게 적절한 시간에 교사로 섬기기를 요청합시다.

【오늘& 주중에 우리가 해야 할 일】

＊기도합시다!! –성도들의 마음속에 다음세대를 믿음의 세대로 세우는 일에 대해 관심을 가질 수 있게 해달라고 하나님께 기도합시다.
　　　　　　　– 예비된 교사를 붙여 달라고 함께 기도합시다.
＊기록합시다!! –내가 알고 있는 잠재적인 교사후보를 〈후보교사 명단〉에 기록합시다.
＊만납시다. 그리고 요청합시다! – 내가 알고 있는 교구와 목장의 성도들, 학부모 등… 교사후보를 직접 만나 교사사역으로 요청합시다.
　　　　　　　필요시 부장님 혹은 교역자에게 도움을 요청합시다.

| 셋째, 적극적인 태도로 모집하라

교사로 요청할 때 피해야 할 일은 교사할 사람들이 없다며 애처로운 소리를 늘어놓거나, 당신이라도 도와달라며 넋두리를 늘어 놓는 것입니다. 예수님은 제자로 부를 때 "나를 따라오라"(마 4:19)고 과감하게 도전하셨습니다. 그러자 베드로는 그물을 버려두고 주님을 따랐습니다. 물론 우리는 예수님처럼 그런 놀라운 권위를 가지고 있지 않습니다. 그러나 교사를 구할 때에는 그런 마음으로 해야 합니다.

예수님이 모집한 제자들도 생계를 꾸리느라 바쁜 사람들이었습니다. 그들은 시간적으로 여유가 있어서 제자가 된 것이 아닙니다. 가족이 있었고, 무척이나 고단한 일을 하고 있었고, 여러 가지 의무를 지닌 자들이었습니다. 성도들도 이와 같습니다. 그러므로 이미 바쁜 사람들을 모집할 때 소극적인 자세로 모집해서는 안됩니다. 용기를 잃지 말고 적극적으로 모집해야 합니다.

또한 우리 자신이 교사사역을 좋아하고 즐기고 있음을 보여주어야 합니다. "이 사역은 남들이 알아 주지도 않는 힘든 일이지만 딱 1년만 교사 좀 해주세요.", "누구에게도 고맙다는 말을 듣기 힘든 일이죠. 그러나 누군가가 십자가를 져야 합니다." 이런 식으로 빈약한 자기 이미지를 가지고 있다면 교사모집은 제대로 될 수 없습니다.

급하게 되었다며 비어있는 자리를 메워달라고 울상인 모습으로 모집하지 마십시오. 교사를 모집할 때에는 축복된 교회학교 사역의 파트너가 되어 달라고 요청해야 합니다. 교사로서 필요한 은사들을 사용하는 축복을 함께 나누는 자리로 초대하는 것입니다.

긍정적인 생각으로 교사를 찾으라

"교사할만한 사람이 없을 것이다." → "하나님께서 예비하신 교사가 반드시 있을 것이다."

"사람들은 봉사하기를 싫어할 것이다." → "사람들은 자신의 시간과 물질과 은사를 필요로 하는 곳에 사용하기를 원한다."

"교사의 사역은 고역스러운 과제이다." → "교사의 사역은 특권이다."

"교사를 할 수 있을 만큼 시간이 많은 사람은 누구인가?" → "교사직에 필요한 은사를 가진 자는 누구인가?"

"누가 교회에서 바쁘지 않은가?" → "누가 적극적이며 성장하는 크리스천인가?"

긍정적인 언어로 교사되기를 요청하라

"급하게 되었어요. 교사가 당장 필요해요." → "당신은 봉사할 기회를 가질 수 있습니다."

"주일날 결석만 하지 말고 공과지도만 하면 됩니다." → "당신을 통해서 하나님이 기대하시는 일들이 많이 일어날 것 같습니다."

"교사직은 누군가는 해야 할 책임이예요." → "당신의 은사를 나누고 싶지 않으세요?"

"그저 조금만 헌신하시면 돼요." → "교회학교를 위한 봉사자로 초대합니다."

| 넷째, 비전으로 모집하라

성도들은 '일'이 아니라 '비전'으로 모집되어야 합니다. 성도들은 "제발 도와달라"는 식으로 애원하는 일에 대해서 흥미를 느끼지 않습니다. 그들은 교사의 일이 의미가 있다고 기대할 때 교사가 되려고 할 것입니다. 교사사역이 주일날 한두 시간 그저 아이들이나 봐주는 일이 아니라, 다음세대들을 복음으로 부르고 주님의 제자로 키우는 가치 있는 사역임을 알게 해야 합니다.

우리는 성도들을 다음세대를 세우는 비전으로 초대하는 것입니다. 교사모집은 다음세대를 향한 우리의 꿈과 필요에 동의하는 사람을 얻는 일입니다. 교사사역의 '일거리'에 그들이 필요하기 때문에 요청하는 것은 상대방의 마음을 움직이지 못합니다. 사람들은 중요한 비전에 동참하도록 초대받을 때 마음을 엽니다. 그것은 할 만한 가치가 있는 일이기 때문입니다.

후보교사들을 만나서 다음세대를 향한 비전을 전달하십시오. 예수님은 하나님나라에 대한 꿈을 보여주면서 제자들을 비전으로 모집하셨습니다. 예수님은 하나님의 나라에 대해 이야기하셨고, 사람들은 여기에 반응했습니다. 하나님의 나라는 바로 손 앞에 있었고, 그것은 그들로 하여금 흥분과 기대를 불러일으키기에 충분하였습니다. 우리도 그렇게 모집해야 합니다.

큰 그림으로 모집하는가?

만약 여러분이 교회학교의 리더라면, 예수님처럼 비전 전달자가 되어야 합니다. 교회에서 교회학교 사역의 중요성을 전달하는 것은 리더의 중요한 일입니다. 다음세대의 삶에 있어서 교사들이 가지는 영향력에 대해 말하는 것도 여러분이 해야 할 중요한 일입니다.

예를 들면, "2학년 아이들을 가르치시겠습니까?"가 아니라 "다음세대들을 그리스도의 제자로 성장하도록 하는 일을 돕기 위해 우리와 함께 하시겠습니까?" 라고 말할 수 있어야 합니다. 이 차이는 무엇입니까? 후자는 사람들을 큰 그림으로 부르는 것입니다. 만약 작은 그림만을 보고 있다면, "우리는 분반을 유지해야 하고, 그것을 운영할 사람이 필요합니다." 라고 말할 것입니다. 그러나 큰 그림을 볼 수 있다면, 여러분의 요청은 이전과는 전혀 달라질 것입니다.

| 다섯째, 항상 모집하라

데살로니가전서 5장 16~18절을 교사모집 버전으로 고친다면, 이렇게 될 것입니다. "항상 모집하라 쉬지 말고 모집하라 범사에 모집하라 이것이 그리스도 예수 안에서 너희를 향하신 하나님의 뜻이니라."

한 신문기자가 코카콜라 회장에게 다음과 같은 질문을 했습니다. "코카콜라를 모르는 사람이 아무도 없는데, 왜 돈을 들여가며 매일 광고를 합니까?" 여기에 대해 다음과 같이 대답했다고 합니다. "지금 이 순간에도 코카콜라를 모르는 수많은 아이들이 태어나고 있기 때문이고, 코카콜라를 아는 사람들이 날마다 죽어가고 있기 때문입니다."

교사홍보와 모집도 이와 같습니다. 교회에 새가족이 올 수도 있고 가장 헌신적인 교사조차도 떠날 수 있습니다. 그러므로 교사모집은 연말이나 연초에만 하는 것이 아니라 일 년 내내 해야 합니다.

√정기적으로 교사모집 캠페인을 한다.

√교사모임시 교사모집을 위해 함께 기도하는 시간을 마련한다.

√〈후보교사 명단〉의 성도들을 계속 만나고 전화한다. 결과는 반드시 기록에 남겨둔다.

√성도들에게 교회학교 행사와 프로그램을 정규적으로 알린다.

√성도들에게 우리가 하는 일과 열정을 알리는 기회들을 의도적으로 그리고 계속적으로 가진다.

√잠재적인 후보교사들을 교회학교 여러 행사의 참관자로 혹은 단기간의 프로젝트에 초대한다.

√아이들의 부모는 교사후보 1순위이다. 교회학교 예배 혹은 행사에 부모들을 초대한다. 그들과의 다양한 커뮤니케이션을 통해 교사로 봉사할 수 있는 계기를 부여한다.

√교회 지도자그룹 혹은 목회자 그룹을 교사모집을 위한 훌륭한 협조자로 삼는다. 그들 대부분은 누가 좋은 후보교사인지 알고 있으며, 그들에게 영향을 끼칠 수 있는 사람들이다.

2013년 교사모집 캠페인

＊일시 : 5월 19일 ~ 6월 16일

＊목적 및 취지

1. 교회학교에 대한 긍정적인 이미지 만들기

2. 다음세대 교육에 대한 전교회적인 관심 고양

3. 성도들을 교회학교 교사로 권면하고 영입하는 계기 마련

4. 교사모집에 있어서 교사들의 적극적인 관심과 참여 유도

   (교사가 교사를 섭외하는 자력갱생)

＊슬로건 – "주여, 예비된 목자 50명을 주옵소서!"

＊교육부 캠페인 일정

주		내용					
		주요 활동	어깨띠/티셔츠	피케팅	홍보용품/예배시홍보	집중기도	기타
5/19	1주차	-후보 교사 명단작성 -개인별 총력 교사모집	-모든 교사 주일 온종일 어깨띠 착용 -스탭들은 주일 온종일 티셔츠 착용		-예배후 홍보카드 배부	주일교사 모임시 교사 모집을 위한 특별기도	배너설치
5/26	2주차			2,3부 예배전후 부서별로 지정된 장소에서 실시	-예배후 홍보카드배부 -홍보용 주보간지 (일반교사모집)		부스설치 배너설치
6/2	3주차				-2,3부 예배전후 홍보용 사탕 배부		
6/9	4주차				-홍보용 주보간지 (단기교사, 카풀교사 등 모집) *교회주보 특별광고 & 담임목사님 특별 광고 *저녁예배 찬양인도, 교사간증, 교사모집 영상		배너설치
6/16	5주차						

아동부[교사모집캠페인] 평가 보고서

행사의 의의(목표) 성취정도	*"예비된 목자 20명을 주옵소서": 20명의 목자를 위하여 기도함 *캠페인 기간 중 7명이 신임교사로 임명 -2010년부터 기도하던 홍영기, 정강분, 김일환, 윤민자, 오세숙, 남형우, 조미정

프로그램 (특이점, 장단점 등)	구 분	5월 26일	6월 2일	6월 9일	6월 16일
	항 시	*후보교사 명단작성 *개인별 총력 교사모집			
	집중 기도	교사 모임시 교사모집을 위한 특별기도			
	어깨띠/ 티셔츠	*어깨띠: 모든 교사 주일 온종일 착용 *티셔츠: 교육부 스탭 착복 (부서별 티 착용: 6월 2일부터)			
	피케팅	2,3부 예배후 부서별로 지정된 장소에서 실시 아동1부: 3부 예배 후/ 1,2층 주차장으로 나가는 쪽 아동2부: 2부 예배 후/ 1,2층 주차장으로 나가는 쪽			
	홍보용품	*주보간지 *2부 예배후 홍보지배부	홍보용사탕 전달	*주보간지 단기교사, 카풀교사 등	
	배너/ 부스설치	부스설치	부스, 배너 설치	배너설치	

운영 및 행정	* 집중기도: 매주 교사모임 시간에 교사모집에 관한 글을 읽고 기도함 * 후보교사 명단을 5월 19일~6월 9일까지 받음: 21명이 추천됨 * 어깨띠 착용: 어깨띠 착용보다 티셔츠를 입기를 희망하여 1인이 5,000원씩 　부담하고 여름성경학교까지 입는 것으로 하고 아동부 티셔츠 제작하여 입음 *5월 26일 주일저녁: 교회학교 교역자가 예배 찬양담당, 간증 최순애 목자 　교회학교 홍보 영상(진준호 작업) *피케팅 및 홍보물 전달: 아동부의 경우 물품 전달에 차질이 있어 한주간 더 진행 *부스설치: 부스는 설치되어 있으나 부스담당자가 부족하여 홍보가 잘 안됨 *부스용 게시판 제작: 부서별로 사진을 인화하여 게시할 내용을 제작

다음 행사를 위한조언 (개선사항 및 아이디어) /건의 및 기타사항	*교사모집캠페인 기간에 대하여: 교사 모집 캠페인을 9~10월에 할 것을 제안 -교회의 회기가 11월로 마감되기에 그 기간에 이동이 가능하고 또한 교사의 이동도 심한 기간이기에 그 기간을 활용하여 교사들의 이동을 최소화하고, 교회적으로 교사로 헌신할 수 있도록 독려하면 어떨런지... *주일 저녁 활용하기: 교회학교가 전체적으로 오전에는 부서활동으로 바쁘 기에 저녁시간을 활용하여 개인 접촉과 홍보물 전달을 하면 어떨는지...

유치부[교사모집캠페인] 평가 보고서

교사모집 캠페인	■ 목표인원 : 25명	
	교사후보 명단 (16명)	모집교사 명단 (8명)
	문희정 이상희 이세인 김상옥 이재승 이서영 김미숙 홍미옥 송정훈 김태웅 박세영 이재욱 박명순 이은진 진계임 박미영	이재욱 진계임 남미순 박명순 홍미옥 박미영 김미숙 김은하(자원)
	다양한 시도를 통해 성도님들이 교육부에 관심을 갖도록 하여 교사모집이 지속적으로 이루어지는 것 같다. 한 번에 많은 인원들이 모이는 것보다도 지속적으로 성도들 스스로 교사에 대한 관심을 갖고 하고자하는 의사를 표현해 오는 반응들이 희망적이라고 생각된다. 피켓팅과 홍보지를 나누어 드릴 때 인사를 일괄되게 한다거나 인사문구를 정해서 했으면 하는 아쉬움이 있다. 또한 부스설치를 해 놓고 비워놓은 시간이 많아 직접 접촉하여 홍보할 수 있는 기회를 놓친 것 같아 아쉬움이 남는다.	

2013년 11~12월 교사모집 캠페인 일정(각부서 보고)
*유치부

날짜		내 용	비 고
11/17	매주 교사 모임시간 을 통해 교사들이 스스로 교 사모집에 대한 중요 성을 인식 하도록 함	▶후보 명단 작성 : 각 반 부모님들 중 후보를 구성하도록 하고, 교구별로 정리 ▶실질적으로 필요한 인원을 목표할 수 있도록 동기부여 : 교사들에게 반배정 현황 배부 (전 학년 모든 반을 2반으로 분반예정)	각 교구별로 반 배정 현황제시 교구별로 목표인원 정하도록 함
11/24		▶부모 편지 발송 : 유치부 부모님들을 대상으로 교사의 필요성을 제시하고, 교사로 지원할 수 있도록 카드발송 (우편발송)	구체적으로 필요한 교사의 분류표시하도록 함
12/1		▶피켓팅 : 어린이, 학생 ▶후보 명단 중 진행사항 파악 후 접촉시도 : 2주동안 후보들과 접촉을 계속적으로 유지하도록 한 후, 가능성있는 후보들을 먼저 접촉시도 (교구장 or 교역자) ▶포스터 부착 : 유치부실 앞 교사모집 공고 띄우기	직접적인 접촉이 이루어지도록 함
12/8		▶영상 : 저녁예배 / 부장님 간증 ▶중간점검 : 교사모집 현황 보고 (교구별로 1:1 담당자 선정) ▶2차 우편 발송 : 중간점검 후 최종 후보명단에게 카드발송	카드발송과 함께 1:1 담당자를 선정하여 지속적인 접촉이 이루어지도록 함
12/15		▶브루셔 주보삽지	

＊아동부

주/날짜		아동부 진행	교육부 진행
1주	11월 10일	1. 교사회의시간 집중기도 2. 교구별 교사 필요 인원 받기 3. 교구별 접촉하고 있는 예비 　교사 명단 받기	
2주	11월 17일	1. 교사회의시간 집중기도 2. (현)교사에게 격려하는 편지 -예비교사에게 편지쓰도록 카 　드 배부 -작은 선물 전달하도록 하기(심 　방용 제고)	
3주	11월 24일	1. 교사회의시간 집중기도 2. (어른)교구에 협력요청 -지역별 필요한 교사 인원 전달	
4주	12월 1일	1. 교사회의시간 집중기도 2. 예비교사 접촉하기 3. 부모님들을 예배에 초대- 　교사가능자	1. 학생.어린이 피케팅 2. 영상-저녁예배 3. 유치부 부장님 간증
5주	12월 8일	1. 교사회의시간 집중기도	1. 피켓팅-어린이, 학생 2. 아동부 부장님 간증
6주	12월 15일	1. 교사회의시간 집중기도	1. 청소년부 부장님 간증 2. 브루셔 주보 삽지

*중등부

	중등부 (주일&주간)	교육부
11/17	교사 후보 정하고, 함께 기도하기	
11/24	교사회의시간 집중기도 예비 교사들에게 카드 보내기, 예비 교사들 전화하기	
12/1	교사회의시간 집중기도 예비 교사 직접 만나기	주보 기획 광고 학생 어린이 피켓팅 (중고등부 12명)
12/8	교사회의시간 집중기도 예비 교사 직접 만나기	
12/15	교사회의시간 집중기도 예비 교사 직접 만나기	주보삽지(브로셔) 저녁예배 영상, 부장님 간증(저녁)
12/22	청년부 홍보 후 후보 교사 만나기 (현 청년교사와 함께)	

*고등부. 고3/수험생부

	주일&주간	교육부
11/17	교사 후보 정하고, 함께 기도하기	
11/24	교사회의시간 집중기도 예비 교사들에게 카드 보내기, 예비 교사들 전화하기	
12/1	교사회의시간 집중기도 예비 교사 직접 만나기	주보 기획 광고 학생 어린이 피켓팅
12/8	교사회의시간 집중기도 예비 교사 직접 만나기	영상홍보 부장님 간증
12/15	교사회의시간 집중기도 예비 교사 직접 만나기 청년부 홍보(예배광고)	주보삽지(브로셔)
12/22	청년부 홍보 후 후보 교사 만나기 (현 청년교사와 함께)	

2015년 캠페인 일정 (2월 8일~3월 7일)

✱ 슬로건 – "주여, 예비된 목자 40명을 주옵소서!"

	주일 활동			주간 활동
	스탭 모임	부서별 교사모임	홍보 (정책적 프로모션)	
2/1 (통합예배)	✱교사모집 계획 공유하기 ✱교사모집 목표 인원 세우기			
2/8		✱교사모집 계획 공유하기 ✱후보교사 명단 작성 (교구별, 학년별로 작성) ✱교사모집 글 함께 읽기& 교사모집을 위한 집중기도	✱교회주보에 홍보물 삽지 ✱피케팅 (2,3부 예배 전)	교사후보에 대한 개별적/조직적인 섭외&모집 총력(전화, 직접 만남)
2/15 (교사 헌신예배)		✱후보교사 명단 작성 (교구별, 학년별로 작성) ✱교사모집 글 함께 읽기& 교사모집을 위한 집중기도	✱교육부 부스, 배너 설치 ✱피케팅 (2,3부 예배 전) ✱교사간증, 교사모집 영상(저녁예배 시)	
2/22		✱교사모집 글 함께 읽기& 교사모집을 위한 집중기도	밴드를 통한 홍보 3~4교구(김진섭 팀장) 5교구(김재민 부장) 6교구(장현수 권사)	
3/1 (통합예배)	평가 및 향후 대책 논의	✱교사모집 글 함께 읽기& 교사모집을 위한 집중기도	✱교회주보에 홍보물 삽지	

자원교사 인터뷰와 배치

이제 자원교사가 모집되었다면 리더는 그와 만남을 가져야 합니다. 만나서 인터뷰할 때 자원교사로부터 교사 동의서와 교사 지원서 (교사교적부)를 받습니다. 이는 행정적으로 꼭 필요한 일입니다.

자원교사는 아직 무슨 일을 어떻게 해야 하는지 잘 모릅니다. 그래서 개인적인 만남을 통해서 교회학교의 조직과 스태프를 알려주어야 합니다. 그리고 주요정책과 활동, 교사의 업무 및 의무, 시설과 장소, 기본행정 등을 설명해 주어야 합니다. 또한 교회가 제공하는 교사매뉴얼 등의 자료와 교사교육 등에 대해서도 설명합니다. 교사핸드북이나 교회학교 혹은 부서 홍보지를 준비하는 것이 좋습니다. 이러한 만남을 통해 자원교사는 사역과 관련한 구체적인 정보를 얻게 되고, 묻고 답하는 기회를 가집니다.

교회학교 리더와 후보교사는 서로를 잘 모르기도 합니다. 리더는 자원교사를 만남으로써 그의 삶과 신앙의 배경을 알게 되고 교사를 하려는 동기가 무엇인지를 알게 될 뿐만 아니라 교사로서 올바로 헌신할 수 있도록 도움을 줄 수 있습니다.

또한 리더는 그를 적절한 자리에 배치할 수 있습니다. 교회학교 사역에는 다양한 은사와 특기, 헌신의 차이, 그리고 사역의 현장에 따라 봉사할 여러 교사들이 필요합니다. 교사구분은 다음과 같이 할 수 있습니다.

교사구분	교사역할(사역의 영역)
정 교 사 (분반목자)	반을 맡아 아이들을 양육, 지도
인턴교사 (예비목자)	정교사 목회를 배우는 과정으로, 정교사 수련과정
협력교사 (보조교사)	정교사 목회의 보조를 담당
특기교사	자신의 재능, 특기, 전문성, 관심분야를 살려 봉사 - 다양한 분야의 특기자 ex) 환경꾸미기, 장식, 동화구연, 인형극, 사진찍기, 까페꾸미기 등 - 특기에 따른 동아리 지도 ex) 스포츠, 찬양, 악기연주 등의 동아리 지도 - 팀별(예배팀, 행정팀, 프로그램팀, 양육팀, 홍보팀, 새친구팀)사역
단기교사	계절성경학교, 수련회, 일일교사 등 특정기간동안 봉사
후원 교사	기도 · 교회학교, 교사, 그리고 아이들을 위한 기도요청시 중보기도
	재정 · 교회학교를 위해 정기후원(헌금), 특별후원
	교통 · 자가용 카풀, 봉고차 운행
	봉사 · 각 부서 특별행사 혹은 정기적인 봉사

| 인터뷰, 다음을 유의하라

첫째, 교사지원서(교사교적부)에 기록하는 개인 신상정보가 유출되지 않는 점을 분명히 알려야 합니다. 교사지원서에는 '이전출석교회란'이 있어서 타교회에서 온 성도일 경우에는 이전 교회가 정통교단 소속의 교회인지를 인터뷰 후에 반드시 확인해야 합니다.

둘째, 사람이 당장 필요한 부서나 분반에 마치 사람을 팔듯이 배치하려는 유혹에 빠져서는 안됩니다. 자원교사의 은사와 장점에 어울리지 않는 자리에 억지로 채우려고 하지 마십시오.

가능하면 교회학교 총리더가 인터뷰를 진행하는 것이 좋습니다. 부서별로 교사를 모집할 수 있지만, 그럴 경우에는 자원교사를 타부서로 보낼 수도 있어야 합니다. 자원교사에게 부적합한 역할을 맡기기보다는 차라리 그 자리를 비워두는 편이 좋습니다. 리더가 자원교사를 만나는 이유는 그를 가장 적절한 자리에 배치하기 위해서라는 사실을 잊어서는 안됩니다.

마지막으로, 우리는 자원교사로부터 "알고 보니 제가 교사하기에는 힘들 것 같습니다."라는 말을 들을 준비도 하고 있어야 합니다. 우리가 요구하는 헌신과 의무에 대해 어려워한다면 그를 받아들여서는 안됩니다. 돌발적이고 헌신 없는 참여로 인해 전체교사들의 사기를 떨어뜨리는 것보다 이것이 더 나은 결정이 될 것입니다. 때로는 그들에게 좀 더 적절하다고 여겨지는 다른 사역의 기회를 찾도록 도와줄 수 있어야 합니다.

|인터뷰 접근방식을 선택하라

인터뷰는 부서의 리더가 부서별로 하는 것과, 교회학교의 최고 리더가 단독으로 하는 방식이 있습니다. 각 부서별 인터뷰보다는 일원화된 인터뷰를 권합니다.

부서별 인터뷰를 하게 되면, 부서의 리더는 욕심을 냅니다. 자원교사가 다른 부서에 어울리는 은사와 특징을 가지고 있는데도 기어이 자기부서로 모셔옵니다. 교사모집을 놓고 부서별 경쟁이 벌어집니다. 그래서는 효과적인 교사편성을 할 수 없습니다. 펭귄을 아프리카의 밀림에 갖다 놓는다면 어떻겠습니까? 여러분의 부서 이기주의로 코뿔소를 북극의 바닷물에 빠뜨려 헤엄치게 하지 마십시오.

이와 달리 일원화된 인터뷰는 자원교사들을 특정 부서에 편중되지 않도록 할 뿐만 아니라 그들의 은사와 장점, 교사직을 위해 낼 수 있는 시간, 그리고 헌신도 등을 고려하여 효과적으로 배치할 수 있습니다.

한빛감리교회 교사 동의서

나는 교사가 그리스도께서 세우신 거룩한 직분임을 믿습니다.
나는 몸된 교회 가운데 교사로 하나님의 부르심을 받았습니다.
나는 다음세대를 세우는 일로 부르신 하나님께 충성할 것을 다짐합니다.
그러므로 아래의 사항을 지킬 것을 약속하며 교사 임명에 동의합니다.

〈서약 내용〉
 1. 나는 교회 및 교육부의 목회방침을 따르겠습니다.
 2. 나는 주일 성인예배와 부서예배에 모두 참석하겠습니다. 피치못할 사
    정으로 본교회에서 주일예배가 어려울 경우에는 담당교역자에게 사전
    에 연락하겠습니다.
 3. 나는 예배에 지각하지 않으며, 정기적인 주일교사모임에 참석하겠습니다.
 4. 나는 교사임명 후 해당부서에서 최소 1년은 봉사하겠습니다.
 5. 나는 교사들과 함께 서로 격려하며 협력하는 가운데 기쁨으로 동역하겠
    습니다.
 6. 나는 주님을 알지 못하는 어린 영혼들을 그리스도께 인도하는 일에 최
    선을 다하겠습니다.
 7. 나는 맡은 양떼들을 최선을 다하여 영적으로 돕겠습니다. 중보기도, 목
    장모임, 심방(전화및 문자심방, 가정심방, 학교 등의 야외심방, 홈스테이
    등)에 힘쓰겠습니다.
 8. 나는 양떼들의 부모와 가정을 존중하고, 그들과 유기적인 관계를 형성
    하는 일에 노력하겠습니다.
 9. 나는 자질향상을 위해 배우는 일에 최선을 다하겠습니다. 교회가 요구
    하는 교사교육에 참여하겠습니다.

＊특기 및 후원교사의 과제 : 해당교사는 부서교역자및 스탭과 긴밀한 커
뮤니케이션 가운데, 맡은 사역을 성실하게 수행해야 합니다.

저는 한빛감리교회의 교사로서 상기 내용을 준수하겠으며, 최선을
다해 봉사할 것을 약속합니다.

동의자 성명 :   서명:
          년   월   일

교사 지원서

교사지원서는 모든 신임교사들이 기록해야 하는 양식이며, 교역자만 볼 수 있는 카드입니다.

성명 (한자)	( )	성별		생년월일	년 월 일(양력/음력)		
교회직분		특기 취미		기타 (신앙연수, 최종학력 및 전공 등)			
현주소							
연락처	자택전화		휴대폰		E-mail		
직장 (직업/직위)							
차량관련	운전	차량보유	차량 종류		카풀 가능		
	가능□ 불가능□	있음□ 없음□	일반자동차 □ RV/ SUV□ 승합차□		가능□ 불가능□		
가족사항	성명	관계	생년월일	세례여부	출석교회및 직분(타종교 혹은 무신앙)	직장(학교)	
신앙생활	언제 크리스천이 되었습니까? (몇살 때 혹은 몇년도에?)						
	어떻게 크리스천이 되었습니까? (믿게된 동기를 간략하게 기록하십시오)						
	본교회에 출석한 것은 언제부터입니까? (본교회 등록시기)						
	교사로 지원하게 된 동기는 무엇입니까?						
	헌금생활은 하십니까? 십일조헌금□ 감사헌금□ 기타목적헌금□						

(후면)

본교회 이전에 출석한 교회	교회 : 교단 :
	위치(주소) : 담임목사 :
	출석기간 :
	사역경력(봉사했던 부서들) :
	옮긴 이유 :

본교회 사 역 경 력 (교사사역포함)	기 간	사역 내용(부서, 직책, 역할 등)

당신의 배우자 혹은 가족은 당신이 교사로 봉사하는 것에 대해 동의하십니까?
예 □   아니오 □

당신의 배우자는 교회에서 사역하고 있습니까? 예 □   아니오 □
봉사하고 있다면, 부서와 직책은 무엇입니까?

상기 본인은 교사로 사역하기를 원합니다.

년   월   일

지원자   서명

위 사람을 교사로 사역할 것을 허락합니다.

담당교역자 :

| 담당교역자 의견란/첫심방란 |
| |
| |
| |

교사모집이 실패로 끝났다면

여러분의 요청에도 불구하고 많은 성도들은 교사되기를 요청받으면 자신이 교사가 될 수 없는 이유를 가장 창조적으로(?) 제시하며 그럴싸하게 피해갑니다. "도와 드리고 싶은데 나는 시간이 별로 없다.", "하고 싶지만 경험이 너무 없다.", "나는 재능이 별로 없다.", "나는 성경을 잘 모른다.", "나는 나이가 너무 많다. 혹은 적다.", "아이들만 보면 울렁거린다.", "하고 싶은데 곧 시집갈 것 같다." 등등...

결과적으로, 여러분의 노력에도 불구하고 예상한 것보다 훨씬 적은 성도들이 교사로 지원할 수 있습니다. 그렇다고 해서 성도들을 영적으로 미성숙한 자들로 여기거나 그들의 믿음의 수준을 판단하려고 해서는 안됩니다. 성도들이 교사직을 받아들이지 않더라도, 우리는 그 결과를 받아들여야 합니다. 그리고 조금 더 인내하며 기다려야 합니다.

교사를 모집하는데 있어서 가장 큰 도전은 하나님을 기다리는 일입니다. 때로는 하나님은 우리가 원하는 대로 그렇게 신속하게 응답하지 않으십니다. 다윗은 하나님의 성전을 짓기를 원했지만, 솔로몬이 나타나기까지는 이룰 수 없었습니다. 하나님은 우리가 교사후보로 생각했던 그 사람을 부르실 것입니다. 그러나 그 시간은 항상 우리 생각대로 옳은 것은 아닙니다. 더 오랜 시간이 필요할지도 모르는 일입니다. 교사모집의 결과에 대해서 하나님을 인정하고 의지하십시오. 그리하면 하나님은 여러분의 교회학교가 나아갈 길을 지도하실 것입니다(잠3:5~6).

2장
비전, 어떻게 발견하고 공유할 것인가?

교사모집 → 비전발견과 공유 → 효과적인 소통 →
교사교육과 훈련 →임파워링 → 리더십팀 개발

"우리 부서 아이들은 출석을 너무 잘해요. 이번 달 출석률이 90%가 넘었어요. 전도도 얼마나 잘하는지요. 거의 매주 새친구들을 데려오고 있어요. 아마 솜사탕 이벤트가 주효했던 것 같아요. 목사님께서도 어찌나 칭찬하시는지... 아무튼 기분 좋습니다!"

꽤나 열심 있는 전도사님, 부장님이라고 생각하십니까? 무엇이 문제입니까? 많은 리더들은 자기 부서 아이들이 잘 출석하거나 새친구들이 많이 오는 것으로 흡족해합니다. 그러나 자신의 부서나 교회학교에 대한 '큰 그림'은 찾지 않고 꿈도 꾸지 않습니다. 그러니 교사들도 '큰 그림'은 알지도 못한채 이번 주일도 무사히 자기 반 아이들이 잘 출석하는 것으로 만족하고 맙니다.

교회학교, 비전이 필요하다

| 비전이란 무엇인가?

1975년 창립한 마이크로소프트(MS)는 1980년대 초만 하더라도 뉴멕시코에 자리한 종업원 30명의 작은 회사였습니다. 빌 게이츠는 이 작은 회사에 유명대학을 졸업한 인재만을 채용했습니다. 적은 월급과 빡빡한 일정에도 불구하고 직원들은 밤을 새워가며 자신의 일에 몰두했습니다. 무엇이 똑똑한 인재들로 하여금 조그만 회사에 들어오게 하고, 그들이 이 곳에서 자신이 가진 재능과 시간을 쏟아 붓도록 했을까요?

답은 게이츠가 제시한 비전입니다. "집집마다 모든 책상 위에 컴퓨터를"A computer on every desk in every home이라는 비전에 공감한 인재들이 무명의 회사에 자발적으로 합류한 것입니다. 그 당시 컴퓨터란 그 방면의 전문가와 기관들에게만 필요한 것으로 인식되던 때였습니다. 게이츠는 한 인터뷰에서 다음과 같이 비전의 힘에 대해 언급하였습니다. "창립 초기 폴 앨런과 내가 가졌던 생각(비전)에서 이토록 중요하고 위대한 회사가 탄생할 것이라고는 상상하지 못했다."

비전은 구체적인 목표나 전략의 출발점이자 다른 조직과 차별화하는 원동력입니다. 또한 구성원들을 같은 공감대로 하나로 묶어주고 그들의 헌신과 열정을 불러일으키는 가장 강력한 동기부여 수단입니다. 왜냐하면 비전은 이루어질 미래를 보여주는 '큰 그림'이기 때문입니다. 그것은 현재의 모습은 아니지만 앞으로 될 수 있는 모습입니다. "나의 교회학교가 5년 후, 10년 후에 어떻게 달라지기를 기대하는가?" 이런 미래의 생생한 그림이 바로 비전입니다.

|비전을 어떻게 표현할 것인가?

비전은 추상적이고 개념적인 표현으로 나타낼 수 있겠지만, 반대로 얼마든지 구체적이고 일상적인 표현으로 말할 수도 있습니다. 비전을 너무 화려하고 추상적으로 표현할 필요는 없다는 것입니다.

15년 전, 저자의 한 동기목사는 충남 청양에 위치한 교회에 부임해서 크게 부흥시켰는데, 거기에는 비전의 역할이 컸습니다. 그는 "청양을 복음의 특별시로 만드는 교회"라는 비전을 선포했습니다. 그 비전은 우리가 흔히 볼 수 있는 "오늘은 지역을, 내일은 한국을, 모레는 세계로"라는 식의 거창한 구호나 매년 바뀌는 교회표어와는 다른 것이었습니다. 비록 충남의 조그마한 지방에 불과하지만, 담대한 꿈을 소유한 친구목사는 청양에서 놀라운 복음화의 역사를 이루고자 하는 소원과 꿈을 실감나게 표현한 이 비전을 성도들과 함께 나누었고 교회는 비약적으로 부흥하였습니다.

모 정당의 대선후보로 나섰던 한 정치인은 "저녁이 있는 삶"이라는 비전을 내세웠습니다. 숨 돌릴 틈도 없는 각박한 사회와 장시간 노동의 현실에서 삶의 여유가 있는 사회를 꿈꾼 것입니다. 온 가족이 저녁시간을 함께 할 수 있는 삶, 자녀들도 학업과 취업에 시달리지 않는 사회를 소박하게 표현한 것입니다. "경제민주화와 사회복지를 이루겠습니다"라는 구호보다 훨씬 다가오지 않습니까?

심지어 비전이라는 용어를 사용하지 않아도 됩니다. 대전에는 1956년 작은 찐빵집에서 시작된 '성심당'이라는 유명한 빵집이 있습니다. 성심당이 대전시민으로부터 사랑받는 이유는 건강하고 맛있는 빵에 '나눔과 사랑'의 가치를 구체적으로 실천하고 있기 때문입니다. 이 기업의 홈페이지를 보면, "밀가루 두 포대, 대전의 문화가 되다", "성심당은 대전의 문화입니다"로 자신을 소개하고 있습니다. 공식적인 비전선언문은 없습니다. 다만 빵을 통해 사랑의 문화를 꽃피워 지역사회에 봉사하는 가치 있는 기업이 되고자 하는 경영철학을 말할 뿐입니다. 그렇지만 성심당 직원이나 고객은 성심당만의 역사와 이야기를 대하게 되면, 그 기업의 독특한 문화와 경영이념을 알게 되면서 가슴이 따뜻해 집니다.

교회학교의 비전도 뜬 구름 잡는 식으로 거창하게 표현할 필요는 없습니다. 비전이란 여러분의 교회학교가 성공했을 때 어떤 모습일지를 실감할 수 있도록 표현한 것입니다. 앞으로 5년 후, 10년 후 무엇을 달성했다고 말하고 싶습니까?

좋은 비전이란?

–단순하면서도 명확하다.
개념적인 면에서 단순하다는 것이 아니라. 기억을 할 수 있느냐 없느냐라는 측면에서 단순하다는 의미이다. 짧고 간단하여 구성원들이 기억할 수 있어야 한다. 한번 들으면 쉽게 이해되고 쉽게 소통할 수 있을 정도로 핵심적인 내용으로 압축되어 표현된다.

–미래에 초점을 맞춘다.
미래로 나아가는 중간단계들에 대한 생생한 그림이다.

교회학교, 비전으로 움직이라

안타깝게도 많은 교회학교가 미래를 위한 비전에 무관심합니다. 오늘날 교사의 큰 어려움은 자신의 교회학교가 품은 비전이 무엇인지 모른 채, 주일마다 시간이 됐기 때문에 아이들을 만나러 가는 것입니다. 그런 교회학교에서는 어느 누구도 비전이 모호한 사역에 자신의 시간과 에너지를 투자하려고 하지 않을 것입니다. 예컨대 성도들이 교회학교를 단순히 유지하기 위해서, 혹은 마음씨 좋은 교역자와 부장을 도와주기 위해서 교사를 한다면, 그 교회학교가 부흥할 수 있겠습니까?

리더는 자신의 교회학교를 어디로 이끌어 갈 것인가에 대한 비전을 가져야 합니다. 비전은 작은 개선이나 점진적인 성장 그 이상을 의미합니다. 현재의 교회학교를 조금 더 성장시키려는 목표로는 대담한 변화를 불러올 수 없습니다. 리더는 비전을 통해서 교사들로 하여금 그들이 할 수 있는 것보다 더 많은 것을 할 수 있도록 도전심을 심어주어야 합니다. 커다란 비전이 몰아칠 때 놀라운 열매를 거두게 될 것입니다. 그러기 위해서는 리더가 먼저 교회학교를 위한 대담한 비전을 품어야 합니다.

교회학교의 비전은 단지 교회학교 리더만의 것이 아닙니다. 그것은 교사들 개개인과 관련된 것입니다. 교사들은 비전에 의해 자신들이 보람 있는 일을 하고 있고, 자신들의 공헌이 중요하고, 성공할 가능성이 있다는 것을 알게 됩니다. 그래서 교사들은 교회학교의 비전을 알게 될 때, 그 비전을 현실로 이루기 위해 헌신할 열망을 지니게 됩니다. 비전이 있을 때 일치된 마음으로 변화를 수용하기 시작합니다.

또한 비전은 교회학교에 무엇이 중요하고 무엇이 부차적인 것인지를 결정하도록 도와줍니다. 비전이 있을 때 사역의 우선순위를 정하여 미래를 만들어 갈 수 있습니다. 교회학교는 재정 따라, 유행따라, 혹은 관습따라 운영되어서는 안됩니다. 교사들이 비전과 이에 근거하여 나오는 핵심사역을 붙들고 봉사할 때 부흥합니다.

물위를 걷기 : 예수님과 비전에 초점을 맞추라

비전은 우리의 마음속에서 꿈으로 시작됩니다. 우리가 마음에 품지 않은 것은 성취할 수 없습니다. 우리의 시선으로 집중하지 않는 것은 곧 사라지고 말 것입니다.

역설적이지만, 많은 경우 우리에게 '가장 위협적인 장애물'은 시시때때로 만나는 사역의 '사소한 장애물'입니다. 이로 인해 비전을 놓쳐버리곤 합니다. 바다 위를 걸으라는 주님의 명령을 잘 따르다가 거센 물결과 바람을 보고는 그만 빠져버린 베드로를 생각해 보십시오. 우리도 그렇습니다. 주님께서 배 바깥으로 우리를 인도하실 때, 종종 시선을 주님으로부터 돌려버리고는 잡다한 일거리에 온통 시선을 빼앗기거나 작은 일들에 염려하며 지쳐버리곤 합니다.

무엇보다도 리더가 해야 할 일은 자신의 눈을 주님께 고정시키고 마음을 비전에 집중하는 것입니다. 리더십의 역할은 큰 그림을 보고 거기에서 눈을 떼지 않는 것입니다. 사단의 전략은 작은 그림, 곧 사람과 사건과 환경으로 인해 우리의 마음을 빼앗는 것입니다. 모든 것은 우리가 무엇을 보느냐에 달려있습니다.

| 매복한 적들을 분별하라

우리의 시선을 분산시키며 실패로 몰고 가는 것은 무엇입니까? 우리의 비전을 흐리게 하는 것은 무엇입니까?

교회에 매복해 있는 다섯 가지 적들

조지 바나는 『비전의 힘』이라는 책에서 교회에 매복해있는 다섯 가지 요소를 말하고 있다.

전통- "우리는 이것을 늘 이런 식으로 해왔어"

두려움- "이 프로그램을 하다가 사람들이 떠나면 어떡하지"

자기만족- "난 관심 없어, 나의 아이들은 이미 다 자랐어"

피로- "난 포기했어. 6년 동안 있어왔지만 아무 것도 변한게 없어"

단기적 사고- "우린 지금 아이들을 잘 돌봐야 해. 내년에 대해 생각할 시간이 없어"

우리는 주님께 시선을 고정시키고 비전을 향해 나아가기 위해 비전을 보지 못하게 하는 이러한 생각을 버려야 합니다. "우린 늘 그렇게 해왔어.", "전에 그런 것 한 적이 없어."라는 말은 변화에 대한 두려움을 보여줍니다. "잘 되어가고 있는데 뭘 하려고 하느냐?"라는 것은 현상유지에 만족하는 나태한 마음을 말해줍니다. 기존 전통에 매여 있는 무사안일한 자세입니다. "이 정도면 괜찮아."라는 것은 현상에 타협하는 마음을 보여줍니다.

사실 변화를 싫어하는 것이 인간의 본성입니다. 우리는 천성적으로 안정된 것과 확실한 것과 편한 것을 좋아하지만 하나님은 당신의 일을 위해서는 이런 것들에 얽매이지 않는 리더를 원하십니다. 리더는 비전에 초점을 두고 오랫동안 익숙해 있던 것에 머뭇거려서는 안됩니다. 비전의 성취를 위해 개척자적인 정신으로 모험을 해야 합니다.

|패배의식의 덫을 제거하라

우리를 비전에서 멀어지게 하는 것 중의 또 하나는 "우린 다른 교회학교에 비해 부족한 게 많아서 안 돼."라는 마음입니다. 패배의식의 덫에 걸려있습니다. 그것은 마치 물 위의 베드로처럼, 함께 하시는 하나님의 능력에 대한 신뢰가 부족하기 때문입니다. 우리가 현재의 상황에 눈이 집중되어 있으면 어떻게 되겠습니까? 교회학교의 인적, 물적, 재정적인 자원이 제한될 때 우리는 움츠러들고 평범한 교회학교로 만족하고 말 것입니다.

리더는 "만약 우리에게 …가 있다면" (예를 들면, "만약 우리에게 좋은 교육관이 있다면", "만약 우리에게 100명의 교사만 있다면.")이라고 해서는 안됩니다. 리더는 허들경기에 나선 선수와 같습니다. 선수가 앞에 놓여있는 허들에 대해 불평을 늘어놓아서는 안됩니다. 출발점에 서서 "허들 세 개만 치워주세요. 그러면 달리겠습니다."라고 말할 수 없습니다.

허들선수가 "허들 몇 개만 치워준다면, 내가 우승할텐데."라고 불평하는 것을 들어본 적이 있습니까? "우리 교회는 너무 작아서, 어린이 사역을 할 교사가 너무 없어.", "우리 청소년부는 교회 지도자들로부터 충분한 관심과 투자를 받지 못하고 있어.", "입시전쟁을 치르는 아이들에게 청소년사역이 제대로 먹혀들어갈 리가 없어." 등등… 이런 말은 아마도 정확한 것일 수 있습니다.

그러나 리더는 허들경기처럼 수많은 장애물로 가득찬 경주를 당연하다는 듯이 직면해야 합니다. 리더는 그 장애물들이 무엇인지 분명히 알고 그것들을 이겨내기 위한 전략을 세우고 그 전략을 어쨌든지 간에 실천하기 위해 존재하는 자입니다.

비전을 위한 Five Do-It

교회학교에 필요한 비전을 발견하고, 함께 나누고, 그리고 이러한 '큰 그림'을 성취하기 위해 어떻게 해야 할까요? 비전사역을 위해 해야 할 5가지 실천사항은 다음과 같습니다.

| 첫째, 교회학교 비전을 발견하라
비전발견을 위한 추진동력은 밑으로부터 시작될 수도 있지만 대부분은 리더로부터 시작됩니다. 왜냐하면 자신의 교회학교의 미래에 대해 가장 많이 고민하고 기도하는 사람은 교회 혹은 교회학교의 리더이기 때문입니다.

비전발견을 마치 모세가 십계명을 받는 것과 같은 신비한 어떤 사건이라고 오해해서는 안됩니다. 교회학교 비전은 리더가 현재 상황에 대한 신중한 분석, 미래에 대한 통찰, 그리고 영적인 직관을 바탕으로 해서 치열하게 고민하고 성찰하여 나옵니다. 그러니 리더는 기도할 수밖에 없고, 하나님과의 깊은 영적인 교통 가운데서 비전을 발견하는 것입니다.

비전은 리더 자신을 잘 아는 것으로부터 발견된다.

리더는 자신을 잘 알아야 합니다. 비전은 리더와 밀접하게 연결되어 나타납니다. 자신의 관심과 열정, 은사와 능력을 잘 알아야 합니다. 리더의 강점과 전혀 관련 없는 비전은 추진될 수 없으며 추진한다해도 실패하고 말 것입니다. 리더는 자신의 강점으로 펼쳐나갈 수 있는 것이어야 자신있게 추진할 수 있습니다.

비전은 지역과 교회를 잘 아는 것으로부터 발견된다.

비전은 교회의 과거와 역사를 모두 잊고 새롭게 출발하기 위한 슬로건이 아닙니다. 그렇다고 비전을 찾기 위해 과거에 초점을 맞추게 되면 소모적인 논쟁으로 이어질 수 있습니다. 비전을 발견하기 위한 초점은 과거에 대한 평가에 있는 것이 아니라 미래를 향한 희망에 있습니다. 다만 그 희망은 과거와 오늘의 현실 가운데서 미래의 가능성을 보는 것으로 출발합니다.

비전은 텅 비어있는 진공 상태에서 예상치 못한 것이 불쑥 나타난 괴물체가 아니라 역사의 맥락 가운데에서 새로운 것을 보게 해 주는 가슴 뛰는 희망의 그림입니다. 여러분의 교회학교에 비전을 세우는 일은 전혀 다른 교회학교의 역사를 쓰자는 것이 아닙니다. 오늘까지 이어져 온 교회학교의 역사를 이어서 새로운 페이지를 열자는 것입니다.

그러므로 우선 여러분의 교회학교가 위치한 지역 환경을 알아야 합니다. 특정한 위치는 비전을 발견하는데 시사하는 바가 큽니다. 지역은 끊임없이 변화하고 있고, 지역의 교회들은 다양한 성격과 사역을 행하고 있습니다. 지역의 필요들과 기회들은 무엇인지, 지역 사회의 학교와 학생들의 상황은 어떠한지, 지역주민의 생활 및 교육수준은 어떠한지를 알아야 합니다.

둘째로, 교회와 교회학교의 현재 상황을 잘 관찰하고 조사해야 합니다. 리더는 교회와 성도들을 보다 더 이해하려고 애쓰야 합니다. 교회의 역사와 전통, 교회의 독특한 문화와 특징들, 담임목사의 관심과 은사, 교회에서 가장 드러나는 영적 은사들, 교회가 가장 중요시 여기는 사역들, 교회학교에 대한 교회의 관심과 투자, 교회학교 시설 및 프로그램, 학생들의 구성, 교사의 상태(주요관심, 헌신도, 사기, 팀워크 등) 등을 살펴야 합니다.

비전은 가까운 곳에 숨어있다.

여러분이 교역자이거나 부장이라면, 교회학교를 이해하기 위해서는 먼저 교회학교가 걸어온 이야기를 교사들로부터 들어야 합니다. 많은 교사들과 이야기 나누는 과정에서 교회학교를 파악하고 문제점을 인식할 수 있습니다.

비전은 먼 곳에 있지 않고 바로 여러분의 발 밑에 있습니다. 교사들이 경험한 것 속에 조용히 발아하고 있을지 모릅니다. 그래서 리더는 어려움에 처한 교회학교가 앞으로 어떻게 될 것인가 염려하는 교사들의 목소리를 귀담아 들어야 합니다. 그 염려와 위기의 목소리를 재해석하고 재구성할 수 있을 때 비전의 단서를 찾을 수 있습니다. 때로는 부서 예배실 구석진 곳에 앉아 '좋았던 시절'에 대한 교사들의 넋두리에서, 때로는 오랜 시절 교회학교의 추억거리를 교사들이 회상할 때, 심지어 고통스러웠던 침체기의 이야기에서도 비전을 위한 레시피를 구할 수 있습니다.

스태프들과 함께 비전을 발견하라.

비전 발견에는 두 가지 방식이 있습니다. 하나는 리더가 비전을 발견하고 부장, 총무, 학년장(학년주임), 교구장(마을장, 지역장), 여러 팀장 등 주요 리더들로 구성된 리더십팀원의 공감을 얻는 것입니다. 리더가 기도원에 가서 하나님의 계시 가운데 비전을 받아 왔다며, 어느 주일날 갑자기 비전을 선포하는 것은 지혜롭지 못합니다. 교사들의 입장에서 보면, 정말로 생뚱맞은 계시가 아닐 수 없습니다. 일방적인 발표로는 공감과 변화를 끌어내지 못합니다.

모든 교사들에게 비전을 공포하기 전에, 리더는 자신의 마음이 담긴 비전을 리더십팀원에게 제시하고 그들의 눈에 비전이 어떻게 비치는지 의견을 듣고 피드백 하는 가운데 완전한 비전 선언문으로 다듬어가야 합니다. 이렇게 비전을 결정하는 과정에 참여하게 될 때 '우리 모두의 비전'이라는 생각을 가지게 될 뿐만 아니라 비전을 실천하려는 의지를 모을 수 있습니다.

두 번째 방식은 리더가 리더십팀원과 서로 많은 이야기를 나누고 미래 변화에 대한 소망을 나누는 가운데 비전을 함께 발견해 가는 것입니다. 이것 또한 비전 실천력을 높이는 방법입니다. 교회학교에 오랫동안 몸담고 있는 리더들, 그리고 많은 교사들로부터 리더십을 인정받고 있는 교사들이 이 일에 주도적으로 나설 수 있도록 해야 합니다. 그래야 가능한 한 많은 팀원이 자신의 일로 이해합니다.

두 가지 방식 중에서 어떤 방식이든 교사들의 눈에 강요당한 비전으로 비치지 않도록 한다는 점에서는 동일합니다. 리더는 많은 교사들이 비전에 대해 주인의식을 가질 수 있도록 비전발견 과정에 그들을 참여시켜야 합니다.

함께 비전을 발견하기 위한 핵심 질문들

서둘지 말고 시간적인 여유를 가지고 리더십팀원과 함께 논의하라. 때로는 빨리가기 위해 스태프들과 함께 천천히 가야 한다. 다음과 같은 질문을 함께 나누어 보라.

* 당신은 왜 교회학교에서 봉사하는가? 다른 부서나 사역으로 봉사할 수도 있는데 교회학교에서 당신이 봉사하는 이유는 무엇인가?
* 교회학교에서 어떤 일을 하면 당신의 열정에 불을 붙일 것 같은가?
* 우리 교회학교의 어떤 점이 좋은가? 우리 교회학교만의 경쟁력은 무엇인가?
* 우리 아이들에게 무엇을 주려고 하는가? 우리가 무엇을 할 때 우리 아이들은 가장 행복해 할 것인가?
* 5년 후, 10년 후 우리 교회학교가 어떤 모습이길 바라는가? 어떤 일을 이루었으면 좋겠는가?

비전은 담임목사의 동의와 지지 가운데 시작된다.

교회학교의 비전을 설정하는 최종적인 권한은 담임목사님에게 있기 때문에 반드시 담임목사님의 동의를 받아야 합니다. 하나님은 혼돈의 하나님이 아니시기 때문에, 교회 안에서 서로 다른 비전으로 인해 갈등을 주실 분이 아닙니다.

담임목사님은 교회학교 사역을 직접하는 분은 아니지만, 교회학교의 비전을 알아야 하고 그 비전을 지지해야 합니다. 그 비전을 이루기 위해 어떤 일이 일어나고 있는지도 알고 있어야 합니다. 나아가 교회학교의 비전은 담임목사님의 목회비전과 유기적으로 연결되어야 합니다. 교회학교 리더는 담임목사의 목회비전을 변질시키지 않는 범위 안에서 적용화 할 수 있어야 합니다.

│둘째, 교회학교 비전을 공유하라

교회학교 리더는 교사들의 마음에 불을 붙이는 자입니다. 그래서 리더는 비전을 이야기하지 않고는 견딜 수 없습니다. 리더만 알고 있고 교사들에게는 전달되지 않는 비전이 무슨 소용이 있겠습니까? 리더가 비전을 공유하는 일을 제대로 하지 않고, 바로 그 비전을 위해 실행한다면 실패할 것입니다. 왜냐하면 거의 대부분의 교사들이 그 비전을 이해하지 못하고 있기 때문입니다. 몇몇 교사들만 알고 있는 비전은 별 의미가 없고, 실천의 대상도 되지 못합니다. 결국에는 교회학교 게시판에 붙어있는 장식용으로 전락하고 말 것입니다.

가능한 한 많은 교사들을 참여시키라.

비전을 만드는 것보다 더 중요한 일은 만들어진 비전을 교사들의 마음속에 살아 꿈틀거리게 해야 하는 것입니다. 비전이 효과적으로 전파되지 않는 이유 중의 하나는 비전을 만드는 과정에 극소수의 사람만이 관여하기 때문입니다. 이런 점에서 시간이 좀 걸리고 단계가 조금 복잡해지더라도 비전을 설정할 때에는 가능한 한 많은 교사들의 참여를 이끌어야 합니다. 비전설정 과정에서 설령 그들의 의견이 그대로 채택이 되지 않더라도 최소한 참여했다는 느낌은 받을 수 있도록 해야 합니다.

교사들에게 계속해서 비전을 알리라.

리더는 교사들에게 비전을 끊임없이 전달해야 합니다. 리더가 중요하다고 생각하는 일을 교사들도 중요하게 생각할 것이라고 믿는 경우가 많습니다. 리더가 범하기 쉬운 착각입니다. 현실은 그렇지 않습니다. 세상을 살아가는 교사들의 마음과 머리에는 교회학교의 비전말고도 다른 많은 것들로 가득 차 있습니다. 이런 그들에게 비전 선포식 등의 몇 번의 이벤트나 모임을 통해 비전이 전파되고 공유될 수 있다는 생각은 순진한 생각입니다.

그래서 리더는 기회가 될 때마다 성도와 교사들에게 비전을 끊임없이 상기시키고 강조해야 합니다. 너무 자주 들어서 지겨울 정도가 될지라도 다양하고도 창조적인 소통방식을 통해서 반복, 반복, 또 반복해서 전달해야 합니다.

√비전을 선포하는 특별한 모임이나 비전을 축하하는 모임을

가진다('비전 나이트' 혹은 '비전 예배' 등의 이름으로 가능).

√비전을 부서별로 설명하고 대화를 나눌 자리를 만든다.

√설교시간과 교사모임에서 교회학교의 비전을 상기시킨다.

√매주일 교사알림방에 비전을 담는다.

√출석부, 교사핸드북 등 모든 자료에서 비전을 볼 수 있도록 한다.

√비전의 내용을 담긴 열쇠고리, 종이컵 등을 활용한다.

√눈에 잘 띄는 곳에 비전문을 부착한다.

√모임 전에 비전을 다함께 힘차게 외친다.

교사모집도 비전으로 하라.

2000년 외환위기 직후 적자의 늪에 빠져 있던 교보생명 신창재 회장은 보험 설계사들을 불러 놓고 '가치 선포식'을 가졌습니다. "우리는 하찮은 일을 하는 게 아닙니다. 우리의 사명은 곤경에 빠진 고객들이 좌절하지 않도록 하는 것입니다." 생활설계사로 온갖 수모를 당하던 주부들은 이날 눈물을 쏟아냈다고 합니다. 고객 앞에서 당당한 열혈 직원들로 거듭난 이들은 교보생명을 업계 1위로 올려놓았습니다. 보험회사에서 사원들을 교육할 때, 사람들에게 구걸하는 식으로 접근하지 말고 "우리는 행복을 파는 사람입니다."라는 자부심을 가지고 당당하게 영업하라고 강조합니다.

보험영업을 하는 사람들에게도 이런 자부심이 있듯이, 우리가 교사후보를 만날 때 교회학교의 비전과 가치를 말하는 것은 너무나 자명한 일입니다. 다음세대를 향한 관심과 사랑을 가진 자들을 구하기 위해 비전으로 모집하십시오.

비전을 전달하는 중요한 커뮤니케이터는 담임목사이다.
담임목사님은 비전을 알리는 가장 영향력 있는 사람입니다.
여러분 교회의 담임목사님이 교회학교의 비전을 알리는 광고판
이 될 수 있도록 도움을 요청해야 합니다.

|셋째, 비전을 위해 신뢰와 모범의 리더가 되라
비전은 행동을 요구합니다. 다리는 서로 다른 두 지점을 연결
할 때에 존재의미가 있습니다. 비전도 이와 같습니다. 문서화되
고, 전달되고, 알려진 비전문이 있다고 하더라도 그 비전이 실
행되지 않고 있다면, 그것은 두 장소를 연결하지 않은 채 중단된
다리와 같습니다.
다리를 연결하려면 무엇이 필요할까요? 먼저 일꾼들과 협력
업체들을 불러 모아야 합니다. 그런데 다리 공사의 책임을 맡은
건설회사가 일꾼들의 임금을 제대로 주지도 않고 협력업체에게
는 갑질하는 회사로 평판이 나쁘다면, 누가 선뜻 공사 프로젝트
에 나서겠습니까? '비전의 다리 연결 프로젝트'를 위해서는 먼저
리더에 대한 평판이 전제되어야 합니다.
오늘날 많은 교회의 리더들이 여기에서 실패하기 때문에 비전
의 다리가 연결되지 못한 채 끊겨져 있습니다. 정직하지 못함으
로, 불투명한 재정의 문제로, 부풀려진 학위로, 출처불명의 영
적 권위를 내세움으로, 세속적인 야망으로, 독선으로, 잘못된
품성으로... 이루 말할 수 없는 성령의 탄식을 불러오는 일이 비

일비재합니다. 부디 우리 모두는 근신하여 리더로서 주님께 끝까지 변함없이 긴요하게 쓰임받기를 원합니다.

신뢰를 쌓는 일은 비전을 통한 변화를 이루는 출발점이다.

사람들은 리더에 대해 신뢰감을 가질 때 그가 하고자 하는 일에 동의하며 따를 수 있습니다. 서로간의 신뢰는 관계와 경험에서 자랍니다. 은행에서 대출을 내어줄 때에 신용을 평가합니다. 은행은 그 사람의 재정상태를 신뢰할 수 있을 때 더 많은 돈을 기꺼이 빌려줍니다.

사람과의 관계도 그렇습니다. 교회학교 리더는 자신의 인격에 기반한 인간관계를 교사들과 먼저 맺어가야 합니다. 무엇보다 교사들을 진심으로 존중하고 배려하는 진실된 인격이 필요합니다. 특별히 교회학교에서 교역자의 위치에 있는 리더는 자신에게서 권위주의의 그림자조차 얼씬거리지 않도록 경각심을 가져야 합니다. 오히려 종된 자세로 교사들을 섬겨야 합니다.

스스로 낮추십시오. 진심으로 자기를 낮추는 겸손한 사람에게는 신뢰는 선물로 따라옵니다. 자신이 특별히 대접받고 높은 자리에 앉는 것을 즐기지 마십시오. 리더랍시고 기회가 있을 때마다 자기를 드러내고 특권의식에 사로잡혀 있다면, 사람들이 어떻게 생각하겠습니까? 그런 리더가 내세우는 비전을 누가 따르겠습니까?

아무런 물질적 보상도 없이 교사의 소명으로 묵묵히 봉사하는 교사들이 정말 감사하고 존경스럽지 않습니까? 그러니 섬기고 싶지 않습니까? 그렇게 될 때 교사들은 여러분의 말을 믿기 시작합니다. 여러분의 말을 믿는다는 것은 곧 여러분을 신뢰한다는 뜻입니다. 여러분을 신뢰한다는 것은 여러분이 내세운 비전을 신뢰한다는 뜻입니다.

모범을 보이는 일은 비전을 통한 변화를 이루는 지름길이다.

가장 확실하고도 진실한 커뮤니케이션은 리더의 말과 행동이 일치하는 것입니다. 리더의 언행이 일치하지 않는다면 교사들은 리더가 주장하는 비전을 정서적으로 수용하지 않습니다. 그래서 리더는 비전을 이루는 일에 대해 모범을 보여야 합니다. 행동은 말보다 넓게 울려 퍼지는 법입니다.

훌륭한 리더는 본을 보임으로써 교사들에게 확신을 심어주고, 자신의 마음과 정신을 그들에게 불어넣어 행동하도록 합니다. 솔선수범하는 리더의 모습을 볼 때, 교사들은 비전의 존재를 분명히 인지하기 시작할 뿐만 아니라 그 실현 가능성을 믿게 됩니다. 심지어 무관심한 교사들마저 돌려 세웁니다. 마침내 교회학교를 뜨거운 열정으로 전염시킵니다.

마지막으로, 리더는 비전에 헌신해야 합니다. 리더의 지도력은 비전에 어느 정도 사로잡혀 있는가에 달려있습니다. 리더는 가능한 한 많은 사람들이 비전을 이해하고, 비전에 동의하고, 그리고 그것이 살아 움직이도록 하기 위해 스스로 비전에 헌신해야 합니다. 그때 교사들은 비전에 대해 확신하게 되며, 리더의 마음과 진정성을 받아들이며 열심을 가지게 됩니다.

리더는 비전을 전달할 뿐만 아니라 그 결과를 만들어낼 줄 알아야 합니다. 훌륭한 리더는 비전을 이루기 위한 강한 욕구와 단호한 의지를 가진 사람, 비전을 향한 열정이 샘솟는 사람입니다. 이것이 바로 하나님께서 열정의 리더를 들어 사용하시는 이유입니다.

|넷째, 비전을 성취할 전략을 세우라

리더는 비전을 제시하고 그것을 실천할 리더십을 갖추어야 합니다. 그것은 도전할만한 비전을 교사들에게 분명히 보여주고, 그것을 모두의 힘과 협력으로 성취할 수 있도록 하는 역량을 말합니다. 이제 교사들과 함께 비전을 성취하기 위해 해야 할 것을 결정해야 합니다. 그것은 핵심적인 사역을 선택하고 구체적인 목표를 세우는 것입니다. "비전을 위해 어떤 일에 우리의 에너지를 집중할 것인가?", "우리 교회학교의 우선순위는 무엇인가?"

비전을 위한 전략과 목표 세우기
-효율적인 전략과 실행계획을 한 눈에 들어오게 만들어 공유하라.
-목표를 명확하게 세우고, 공유하라 : 누가, 무엇을, 얼마만큼, 어떻게, 언제까지.
-목표를 끊임없이 보여주고 상기시키라.
-"하나님이 무엇을 원하시는가?" 서로 묻고 기도하라.

리더십팀을 세우라.

비전을 함께 이룰 리더십팀을 우선적으로 만들어야 합니다. 실행의 구심점이 있어야 합니다. 이것에 대해서는 6장에서 자세히 다루겠습니다.

핵심사역을 분명히 하라.

비전은 바라는 미래를 표현한 것뿐입니다. 비전을 성취할 로드맵이 필요합니다. 비전은 한꺼번에, 그리고 하룻밤 사이에 이루어지는 것이 아니기 때문에 사역의 우선순위를 현명하게 선택하고 집중해야 합니다.

핵심적인 우선순위는 5개 이하로 정하십시오. 가용 인력과 물적 자원은 한정되어 있기 때문에 핵심적인 사역의 우선사항을 의식적으로 선택해야 합니다.

과녁을 뚫어져라 쳐다보며 호흡을 조절하면서 활을 힘차게 잡아당기는 양궁선수를 상상해 보십시오. 그는 "내가 쏘아대는 화살이 아무 과녁에나 맞아라!"하면서 마구잡이로 화살을 쏘지 않습니다. 오직 자신이 맞추어야 할 과녁에만 집중합니다. 리더는 이와 같이 '핵심사역'에 집중해야 합니다. 그리고 이를 실천할 전략을 세워야 합니다. 그것이 바로 사역에 대한 '선택과 집중'입니다.

2014년도 교회학교 정책지침

모든 교회학교가 그렇듯이, 우리 교회학교 또한 제한된 인적, 물적, 재정적, 환경적 자원들 가운데 존재합니다. 그러므로 모든 사역을 다 할 수도 없고, 모든 분야를 다 잘할 수도 없습니다. 모든 일에 있어서 '우선순위'가 필요한 것입니다. 이런 점에서 우리는 지난 3년동안 교회학교 사역에 있어서 핵심적인 분야를 선택하고 집중해 오고 있습니다.

올해에도 교회학교를 위해 우리의 시간과 에너지, 인력과 재정을 투자하고 집중할 4대 핵심사역은 다음과 같습니다.

1. 4대 핵심사역 소개

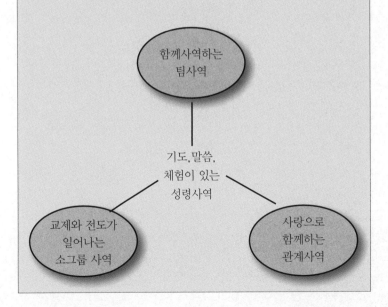

2장|비전, 어떻게 발견하고 공유할 것인가? *77*

● 기도, 말씀, 체험이 있는 '성령사역'
(사도행전 교회처럼 성령님이 이끌어 가는 교회학교)
－성령님께 모든 것을 의지하고 맡기는 목자
－역동적인 예배(대그룹)의 회복
－성령세례와 체험을 위한 영성훈련및 모임

● 교제와 전도가 일어나는 '소그룹사역'
(교제와 관계전도가 있던 사도행전 교회의 소그룹이 살아있는 교회
　학교)
－목장중심의 교제와 관계전도로 부흥하는 반목회
－목장가치로 움직이는 소그룹 지원 및 강화
－동아리 활성화

● 사랑으로 하나되는 '관계사역'
(사도행전 교회처럼 함께 떡을 떼는 교회학교)
－양떼를 향한 예수님의 심장과 사랑으로 사역하는 목자
－양떼와의 만남이 있는 심방&홈스테이
－부모님과 대화및 협력관계가 있는 사역

● 교사의 지도력을 개발하며 함께 일하는 '팀사역'
(같은 마음 같은 비전을 품고, 자신의 은사에 따라 기쁨으로 사역
　하며, 함께 격려하며 성장하는 교사)
－서로 신뢰.존중하고 격려하는 가운데 봉사하는 목자
－팀웍&리더십팀 개발
－효과적인 교사모집과 훈련

2. 4대 핵심사역 내용

1) 기도, 말씀, 체험이 있는 '성령사역'

성령사역이란 성령이 주체가 되며 성령의 능력으로 일하는 사역입니다. 교회학교에서 내 생각, 내 의견, 내 경험을 내려놓아야 합니다. 그 대신에 우리는 성령을 의지하고, 성령의 활동에 민감해야 합니다. 성령님께서 사역의 현장에서 먼저 일하시도록 기다리는 일에 익숙해야 합니다. 또한 교회학교에서의 성령사역이란 재미, 상품, 간식, 프로그램이 앞서는 교회학교가 아니라 은혜받는 것을 사모하는 사역을 의미합니다. 기도와 말씀, 성령세례와 충만을 우선하는 사역을 말합니다.

하나님께서 맡겨주신 양떼들의 영적인 변화와 성숙을 위해서도 성령은 절대적입니다. 양떼들이 영적인 진리들을 소개받고 이해한다고 해서 영적인 변화가 자동적으로 이뤄지는 것은 아닙니다. 그들의 영적 변화에는 성령의 도우심과 역사하심이 필요로 합니다. 그러므로 우리는 성령님과 늘 함께 목자의 일을 한다는 의식을 지녀야 하겠습니다. 성령사역을 위해 2014년에는 다음과 같은 두 가지 점을 가장 중요하게 여기고 실천하십시다.

-역동적인 예배(대그룹)

교회학교는 교육기관이기 이전에 교회의 기능을 모두 감당하는 '교회 안의 작은 교회'입니다. 교회가 하는 기능 중에 가장 중요한 것은 예배드리는 일입니다. 그렇다면 또 하나의 작은 교회인 교회학교에서도 예배가 가장 중요합니다. 어른도 예배가 살아야 모든 것이 살아나듯이, 어린이와 청소년들도 예배가 살아야 모든 것이 살아납니다.

그러므로 예배를 살리는 일은 교회학교 사역의 초점이 되어야 합니다. 매 주일 교회학교에서 드리는 예배가 하나님의 임재를 체험하며 하나님의 역사를 경험하는 영성있는 예배가 될 수 있도록 최선을 다합시다.

－성령세례와 체험을 위한 영성훈련및 모임 강화

우리는 아이들이 재미있는 프로그램, 웃음, 오락, 그리고 상품과 간식을 제일 많이 기대한다고 생각하기 쉽습니다. 그러나 그들에게도 깊은 영적인 욕구가 있습니다. 우리는 그들의 영적인 성장에 필요한 기회들을 적절히 제공해 주어야 합니다. 그들도 우리처럼 의미있는 경험, 마음에 와닿는 도전, 그리고 하나님의 임재를 경험해야 합니다. 올해에는 양떼들이 성령체험과 영적인 도전을 통하여 삶이 변화하는 일에 힘을 기울입시다.

2) 교제로 묶어주고 전도로 분가하는 '소그룹사역'

소그룹은 집단으로 움직이는 대그룹이 줄 수 없는 굉장한 영향력을 가지고 있습니다. '대그룹'으로 드리는 예배도 중요하지만 '소그룹'인 목장을 잘 가꾸는 일 또한 대단히 중요한 사역입니다. 모든 부서의 목자가 자신의 목장과 여기에 속한 양떼들을 잘 돌볼 뿐만 아니라 열린 소그룹을 통하여 관계전도로 이어질 수 있도록 최선을 다합시다.

－목장 가치로 움직이는 소그룹 강화

목자와 양떼, 양떼와 양떼들 사이의 관계지향적인 교육구조 속에서 인격적이고 따뜻한 만남이 가능해 집니다. 이것이 목장모임입니다. 주일중심의 분반모임으로부터 주중사역의 목장모임으로 확대되어야 합니다. 그리고 학교식(학급개념의) 분반으로부터 소그룹식의 목장으로 변화되어야 합니다.

특히 아동부의 목장은 학년이라는 담을 헐고, 전도의 문을 크게 넓히며, 목자의 심방을 쉽게하며, 만남과 돌봄을 깊게하며, 교육의 효과를 높이는 소그룹 운동입니다. 아동부 목장사역을 위해 지도부가 실천할 중요한 두 가지 일은 다음과 같습니다. 첫째, 효과적인 목장사역을 위해서 체계적인 교육과 훈련을 제공할 것입니다. 둘째, 목장이 계속 성장, 분가할 수 있도록 여러 방면의 지원을 아끼지 않겠습니다.

−동아리 활성화

또래집단 사이에 다양하고도 역동적인 동아리모임을 가꾸어 가겠습니다. 동아리 활동은 아이들의 다양한 욕구와 흥미를 채워주며, 교제를 충족시키며, 나아가서 그들에게 잠재력으로 감추어져 있던 은사를 개발시킬 수 있는 중요한 사역입니다. 이를 위해 기존 동아리모임을 지원, 강화하고 새로운 동아리를 만들어 가겠습니다.

3) 사랑으로 함께하는 '관계사역'

식물은 이슬을 먹고 자라지만 사람은 사랑을 먹고 자랍니다. 사랑은 따뜻한 '관계'로부터 시작됩니다. 적지않은 목자님들이 자신의 역할을 반을 관리하고 성경을 가르치는 것으로 생각하고 있습니다. 그러나 양떼들은 성경말씀만 배우러 오는 것이 아닙니다. 그들은 무엇보다 따뜻한 관심과 사랑을 원하며 자신의 이야기를 들어주며 자신을 돌봐줄 수 있는 사람을 갈구하고 있습니다. 목자님이 하셔야 할 일은 맡은 양떼들과 의미깊은 관계를 형성하는 일입니다.

-양떼와의 만남이 있는 심방&홈스테이

관계사역을 위해서 여러분의 시간과 마음을 기꺼이 그들에게 바쳐야 합니다. 어린이와 청소년들은 진정으로 그들을 돌보고, 이야기하고, 함께 경험을 나누고, 기꺼이 자기 자신을 나누는 목자에게 응답합니다.

목자는 양떼와 격의 없이 이야기를 나누며 그들과 함께 어슬렁거리고 잡담도 나눌 수 있어야 합니다. 올해에도 심방과 홈스테이를 통하여 많은 추억꺼리를 심어주시기 바랍니다.

-부모님과 대화와 협력관계가 있는 사역

양떼의 부모에 대해 관심을 가지지 않는 것은 양떼의 삶에서 가장 영향력 있는 사람을 무시하는 일입니다. 양떼의 부모와 좋은 관계를 맺는 일은 중요한 목자의 사역입니다. 목자와 부모 사이의 우호적인 관계는 양떼의 출석을 유지하는데도 도움이 됩니다. 뿐만 아니라 부모와 협력적인 관계가 세워질 때 그들은 비로소 교회학교와 목자에 대해 긍정적으로 생각하며 이해하며 신뢰하게 될 것입니다.

목자는 학부모에게 자신이 누구이며 자신의 역할이 무엇인지 알도록 해주어야 합니다. 여러분은 부모와 경쟁하는 자가 아니라 그들을 지원해 주는 자임을 알도록 해야 합니다.

4) 교사의 지도력을 개발하며 함께 일하는 '팀사역'

건강한 교회학교의 특징은 목자들이 서로 격려하고 존중하며 서로를 세워주는 사랑의 공동체를 만들어 가는 것입니다. 건강한 교회학교의 또 하나의 특징은 목자들 사이에 팀웍이 세워져서 효과적으로 사역한다는 것입니다. 교회학교사역은 결코 한 사람의 목회자나 소수의 전문사역자들만의 것이 아니라 모든 목자가 동참해야 하는 협력사역입니다. 건강한 사역을 위해서는 모든 목자들이 함께 일할 수 있는 풍토와 시스템을 정착시켜가야 합니다.

-팀웍 개발

교역자들과 스탭들은 목자님들을 격려하고 심방하며, 사역에 대해 보람과 긍지를 느끼도록 최선을 다하겠습니다. 4대 핵심정책을 우리 모두가 공유합시다. 멋진 드림팀을 만들기 위해 서로를 신뢰하고 존중하는 분위기를 만들어 갑시다. 그리고 일인 리더십이 아니라 목자의 은사와 재능, 경험과 전문성을 살려 일할 수 있는 환경을 조성합시다.

-리더십팀 개발

교역자들과 교회학교 평신도 리더들이 상호협력할 때 위대한 일을 성취할 수 있습니다. 교회학교 스탭들(교역자, 간사, 부장, 총무, 팀장, 학년장, 교구장 등)이 4대 핵심사역의 성취를 위한 전략을 나누고 구체적인 계획을 세워나가겠습니다. 그리고 스탭들이 적절한 권한과 책임아래 리더십을 효과적으로 강화하도록 하겠습니다. 또한 스탭들과의 공식, 비공식의 만남을 소중하게 여기겠습니다.

이러한 일을 통해,
• 같은 비전과 전략을 공유할 수 있습니다.
• 리더들은 자신에게 필요한 역량을 가지게 될 것입니다.
• 리더십 성장의 기회를 가질 수 있습니다.
• 서로 격려하고 인정하고 신뢰하는 시간을 가질 수 있습니다.

• 리더로서 효과적으로 섬길 수 있는 기회를 가질 수 있습니다.

–교사모집과 훈련

교사모집은 연말에만 하는 일회성 행사가 아니라 연중 필요한 일입니다. 우리 모두가 주변 성도들에게 교사직분을 자랑스럽게 선전하고 그들을 교사로 초청해야 합니다. 마지막으로 목자님들에게 체계적이고 지속적인 교사훈련(외부 세미나 및 강습회, 전.후반기 교사 세미나, 101교사교육, 201교사교육), 선진교회 탐방, 현장교육 참관 등을 통하여 계속적으로 자질을 향상할 수 있도록 하겠습니다.

2014년에 교육부는 이상과 같은 4대 핵심사역을 기초로 나아갈 것입니다. 4대 핵심사역은 각 부서의 운영에 반영되어, 보다 세분화된 계획과 프로그램을 통해 구체적으로 실행해야 할 것입니다.
그러나 우리가 붙잡아야 할 것은 프로그램이 아니라 성령님입니다. 성령님의 실제적인 능력이 나타나지 않으면 소용이 없기 때문입니다. 교회학교의 부흥은 우리가 얼마나 성령님께 민감하며, 성령님께서 하시는 일에 동참하느냐에 달려있다고 믿습니다. "성령님, 우리의 심령에 지금 오시옵소서!"

2014년 1월 김청봉 목사

'4대 핵심사역'을 위한 전반기(1~6월) 실천계획

_____부_____교구/학년. 교구장(학년장):

4대 핵심사역	우리(교구, 학년)가 할 수 있는 일(해야 할 일) 핵심사역을 달성하기 위해 우리가 실천해야 할 구체 적인 일들은 무엇인가? 어 떻게 운영해 갈 것인가? 개선책은 무엇인가?	내가 할 수 있는 일 (내가 해야 할 일) 핵심사역을 달성하기 위해 내가 해야 할 일 들은 무엇인가?	요청사항 핵심사역을 달성 하기 위해 교회 혹은 교육부에 건의할 것들은 무엇인가?
성령사역			
소그룹사역			
관계사역			
팀사역			

핵심사역을 끊임없이 전달하라.

비전과 이를 성취할 핵심적인 사역을 마련했다면, 충분히 전달해야 합니다. 많은 경우 리더들은 준비해야 할 여러 행사들과 맡은 일에서 오는 압박과 분주함으로 제대로 전달하지 못합니다. 혹 리더가 핵심사역과 비전을 교사들에게 잘 전달한다고 하더라도, 대부분의 현실에서는 교사들은 제대로 숙지하지 못합니다. 리더가 볼 때는 수시로 전달하고 있다고 생각할지라도 놀랍게도 많은 교사들은 잘 모릅니다. 실제로는 충분한 의사소통이 제대로 이루어지지 않는 것입니다.

그러므로 비전과 핵심사역에 대한 의사소통의 횟수를 현재보다 3배 이상 증가시켜야 합니다. 교사들이 접하는 모든 매체를 통해 3배 이상 더 강조하십시오. 그들과 만나는 모든 기회를 활용해서 3배 이상 더 설명하십시오. 비전과 핵심사역을 논의하기 위한 행사와 만남을 더 자주 마련하십시오.

√만약 여러분이 리더로서 현재 교회나 부서에서 적어도 3년 이상 사역할 계획이 없다면, 비전문을 만들지 않고 사역의 핵심 전략 혹은 우선순위를 명확히 하는 것으로 충분하다.

√핵심사역에 따라 교사들이 무엇을 해야 하는지 기회가 왔을 때마다 확인하며, 이를 위한 여건을 마련한다.

√행사나 프로그램을 기획하고 설명할 때는 항상 핵심사역과의 연관성에 근거하여 기획하고 설명한다.

√현장의 변화에 따라 비전과 핵심사역을 조정 혹은 갱신할 수 있는 융통성과 순발력을 가져야한다.

목표들을 세우라.

이제 스태프들과 함께 주도적으로 핵심사역을 성취할 구체적이고 분명한 목표들을 세워야 합니다. 목표를 설정할 때는 일반적인 표현을 피하고 성취하고자 하는 것을 분명히 표현해야 합니다. 그 목표를 실제적인 숫자나 특정한 데이터로써 나타내야 합니다.

그리고 목표들은 중요한 몇 가지로 제한하여 제시하십시오. 너무 많은 목표들은 모든 목표들을 불분명한 것으로 만들 수 있으며, 나아가 비전을 잃어버리게 할 것입니다. "우리가 우선적으로 이루어야 할 목표는 모두 열 가지입니다." 이렇게 말하는 리더는 어떤 일이 중요한지 모르는 사람입니다. 돋보기로 종이를 태울 때에 돋보기를 계속 움직이면, 그 종이를 결코 태울 수 없습니다. 종이를 태우려면 한 지점에다가 돋보기를 고정시켜야 합니다. 이와 같이, 많은 목표를 잡아 에너지를 분산하지 말고 분명한 목표에 집중하여 이를 이루기 위해 힘을 모아야 합니다.

마지막으로, 도전적인 목표를 제시하십시오. 그래야 교사들은 자신들이 일반적으로 할 수 있는 것보다 더 많은 것을 성취하려고 덤벼듭니다. 목표가 너무 낮으면 동기를 부여할 수 없습니다. 너무 낮은 목표는 시시해서 도전감을 주지 못합니다. 너무 높은 목표는 도전을 주지 못합니다. 처음부터 아예 움직이려고 하지 않습니다. 그리고 나중에 낙담만 불러옵니다. 목표는 가능성과 불가능성의 경계를 넘나들 때 교사들은 움직입니다. 목표가 교사들에게 동기를 부여하기 원한다면, 목표를 도전적이며 동시에 성취 가능한 것으로 설정해야 합니다.

√목표는 상세히 세운다. 무엇을, 얼마만큼, 어떻게, 언제까지 할 것인지를 명확히 한다.

√목표를 설정할 때는 'SMART의 원리'로 한다. 즉 목표는 구체적이고 명확해야 하고(Specific), 측정가능하고(Measurable), 성취가능해야 하고(Attainable), 타당해야 하고(Relevant), 일정한 기한이 있는 것(Time-related)이어야 한다.

√교사들과 함께 목표를 공유하고, 이를 이루기 위한 계획과 결의를 다지는 시간을 가진다.

| 현장노트 |

아동부 소그룹사역의 목표

아동부는 목장 가치로 움직이며, 목장모임 현장을 가장 중요시한다.

목장 목표

* 한 달에 한번 이상, 100% 목장사역
* 목장중심의 관계전도- VIP를 품고 섬기는 목장
* 분가를 경험하는 목장 -10개의 분가반 목표

목장의 핵심사명

"예수님을 모르는 세 명의 어린이를 짝꿍으로 만들어 3~6개월 동안 좋은 관계를 형성하여 목장에 참여시켜 예수님께 인도한다."

| 다섯째, 비전을 위한 변화에 지혜롭게 대처하라

리더는 새로운 비전으로 말미암아 발생할 수 있는 갈등과 불평도 예상해야 합니다. 사람들은 현재 상황보다 조금 더 개선되는 것은 좋아하지만, 변화와 모험은 불편해 하기 때문입니다. 더군다나 리더가 준비과정 없이 의욕만으로 성급하게 시도하는 변화들은 대개 싸늘한 저항에 부딪히고 맙니다. 그런 점에서 리더에게는 용기와 인내, 지혜와 기도가 필요합니다.

여러분은 비전을 가지고 있지만 대다수의 교사들이 비전을 향해 나아가는 일을 주저하거나 거부한다면 어떻게 하겠습니까? 여러분은 약속의 땅을 볼 수 있고 이미 그것을 맛보았을 수도 있습니다. 그러나 대부분의 교사들은 아직은 광야에 여전히 머물러 있기를 원한다면 어떻게 대처하겠습니까?

때로는 기다리며 준비하라.

때로는 여러분의 비전과 계획을 내려놓고 기다려야 할 필요가 있습니다. 변화의 때가 아니라면 교사들과 보다 많이 만나고 대화하고, 생각을 나누십시오. 그리고 하나님만 바라보며 변화의 시간을 기다려야 합니다.

√하나님의 시간표를 기다리라. 변화의 때가 언제인지 알기 전까지는 변화를 강요하지 말라. 공동체가 위기를 경험하고 변화를 바라보기 전에 변화를 강요하는 것은 실패로 귀결될 것이다. 그러므로 먼저 과제를 추구하기보다 인간관계를 중시하고 수개월을 지켜보라.

√창조적인 긴장을 불러 일으키라. 먼저 교회학교의 현상태가 가져올 미래의 위기가 무엇인지 보여준다. 이로써 교사들은 현재의 심각성에 대한 위기의식과 함께 변화 욕구를 가지게 된다.

√지금 만족하는 것에서 문제점을 알리고, 변화의 절박성을 적절하게 알리는 일은 저항을 최소화하는 데에도 도움이 된다. 변화는 불만족으로부터 시작된다.

변화를 위해 든든한 후원군을 준비하라.

비전을 먼저 리더십팀원과 나누어 보십시오. 리더는 변화의 과정과 계획에 가능한 한 많은 스태프들을 참여시켜야 합니다. 사람들은 계획단계와 실행단계 및 전달단계에 참여하게 될 때 변화에 대한 계획을 자신의 것으로 받아들입니다.

여기에 동의하며 흥미를 느끼는 교사들이 여러분의 리더십팀원입니다. 그들은 앞으로 여러분의 협력자들이 되어 줄 사람들입니다. 적극적이지도 소극적이지도 않은 대다수의 교사들을 이끌어 들일 수 있는 자들입니다. 그들을 여러분의 든든한 편으로 만드십시오. 그들에게 적극적인 지원을 부탁하십시오.

√변화를 수용할 것인지에 대한 객관적인 진단을 한 결과, 비전을 향하여 사람들을 움직일 때가 되었다고 느낄 때, 변화의 일에 도전하라.

√동기를 부여하라. 교회학교에 변화를 일으켜야 되는 이유를 설득력 있게 제시하라.

√적절한 때에 변화를 가져 올 미래의'큰 그림'을 보여주라.

√리더십팀원에게 비전을 이루기 위한 여러 가지 제안을 공식적인 모임이나 비공식적인 대화에서 주제로 내놓기를 부탁하라.

성공사례를 통해 확신을 갖게 하라.

장기적인 비전의 결과만 바라보아서는 안됩니다. 작은 성공도 함께 축하하며 기쁨을 나누십시오. 단기간 내의 작더라도 가시적인 성공이 확인될 때 변화에 소극적이던 사람들도 끌어 들이면서 변화의 추진력을 높일 수 있습니다. 무엇보다 변화에 냉소적인 사람들과 반대자들이 많을수록 단기간의 성공을 보여주는 것은 매우 중요합니다. 왜냐하면 이를 통해 그들을 끌어 들이거나 무력화시킬 수 있기 때문입니다.

제가 교회학교 총괄 디렉터로 있을 때, 소그룹에 대한 비전을 교사들과 공유하고자 하였습니다. 한국교회에 밴드, 셀그룹, 다락방 등 갖가지 명칭을 가진 소그룹 운동이 있지만, 교회학교에서 소그룹에 대한 비전은 매우 약합니다. 그러니 많은 교사들이 "저게 교회학교에서 되겠어? 목사님이 조금 떠들다가 말겠지." 하면서 뒷짐지고 있었습니다.

그래서 저는 소그룹 비전에 공감하고 실천하는 교사 몇몇의 가정에 가서 자신의 반 아이들과 직접 소그룹모임 하는 것을 동영상으로 촬영 편집하여 그 다음날인 주일예배 때에 상영하였습니다. 직접 눈으로 확인하고 관심을 끌게 하였습니다. 그리고 그 선생님의 반들이 소그룹모임으로 빠른 기간에 부흥하여 분가를 하게 되자 그 반에는 무궁화 스티커를 붙여주고 주일예배 시간에 축하의 시간을 가졌습니다. 마치 국회의원 선거가 끝나고

개표 후 당선이 되면 무궁화 스티커를 붙여 주듯이 하였습니다. 소그룹으로 성공하는 몇 몇 반들이 목격되자 분위기는 달라지기 시작했습니다.

　이처럼 단기간의 작은 성공을 보여주는 것은 소극적인 교사들과 망설이는 교사들에게 도전을 주는 긍정적인 효과를 가져 옵니다. 그것은 향후의 기대감을 높여주고 비전과 전략에 대한 신뢰를 심어주며 나아가 비전을 위한 추진력이 되어 줍니다. 또한 리더는 단기간에 일어난 성공과 비전 사이의 연관성을 확실하게 보여주어야 합니다. 그때 중간지점에 있는 사람들을 변화를 받아들이는 사람들로 바꿀 수 있습니다.

비전이 받아들여지지 않아 마음이 곤고할 때

　모세가 마음이 완고한 바로를 만났듯이, 여러분은 비전을 실행하는데 필요한 변화를 가로막고 나아가지 못하게 하는 교사들로 인해 힘들 수도 있습니다. 여러분을 신출내기로 여기고 텃새를 부릴 수도 있습니다. 그들은 대다수의 교사들이 비전을 받아들이고 변화를 따라가기 시작할 때도 의견충돌을 일으키곤 합니다.

　그렇다면 하나님께 부르짖으십시오. 이는 모세가 광야에서 했던 일입니다. 이스라엘 백성이 물을 구할 수 없어 불평을 늘어놓을 때, 모세는 다음과 같이 부르짖으면서 참담해 하였습니다. "내가 이 백성에게 어떻게 하리이까 그들이 조금 있으면 내게 돌을 던지겠나이다."(출17:4). 한편으로는 여러분의 비전이 그 교회를 위한 하나님의 비전이 분명한지 다시 한 번 비전을 점검해 보시기 바랍니다.

혹은 여러분이 교회학교 리더로서 받은 비전이 하나님으로부터 나왔음을 확신함에도 불구하고 지지받지 못하거나 거부당할 수도 있습니다. 선한 마음과 열정으로 약속의 땅을 향해 함께 가기를 원하지만 그들이 여전히 이집트에 있고자 한다면, 여러분은 이제 그 교회를 떠나야 할 때가 되었음을 받아들여야 합니다. 비전을 거부당함으로써 여러분의 열정과 영적인 에너지가 식어지고 있다면 사임을 진지하게 고려해야 합니다. 그러나 부디 여러분과 모든 교사들이 교회학교를 위해 꿈꾸는 '큰 그림'을 함께 동의하고 하나가 되어 열매를 맺기를 바랍니다.

3장
소통, 탁월한 비결이 있는가?

교사모집 → 비전발견과 공유 → **효과적인 소통** →
교사교육과 훈련 → 임파워링 → 리더십팀 개발

교회학교에서 효과적인 소통이란 어떤 사실을 정확히 알려주고 확인하는 협소한 의미의 커뮤니케이션이 아닙니다. 효과적인 소통이란 교사와 교사들 사이에서 혹은 리더와 교사들 사이에서 서로의 감정과 느낌, 생각과 바램들을 의미 있게 주고받는 것을 말합니다.

이를 통해서 교사들은 인정과 감사의 비타민을 얻고 격려의 응원가를 듣게 됩니다. 교사들은 이런 소통 가운데, 자신들이 지원받고 있다는 사실을 알게 됩니다. 나아가서 팀의 일원으로 소속감을 가지며 지치지 않고 계속해서 힘을 얻게 됩니다. 그 결과 교사들은 승리하는 드림팀의 일원이 되는 것입니다. 훌륭한 교회학교 리더는 이런 일을 잘합니다.

교사들은 왜 교회학교를 떠나는가?

교사들이 사임하는 이유들은 대부분 다음과 같습니다. 첫째로, 교사로서 봉사하는 일이 보람되다는 것에 회의를 가질 때입니다. 어느 누구도 관심을 가져주지 않으며, 교사로서의 가치를 인정받지 못한다고 느낄 때에 이런 회의가 일어납니다. 물론 교사로서의 봉사가 어떤 보상이나 존중을 받으려고 한 것은 아니지만 말입니다.

둘째로, 교사들의 봉사에 대한 교회의 지도자들과 성도들의 반응과 관계되어 있습니다. 적지 않은 교사들이 자신들은 마치 외로운 사막에 홀로 생존해 있다는 느낌을 가집니다. 그들은 목회자, 교회학교 리더, 성도들로부터 어떤 지원이나 도움을 받지 못하고 있다고 생각합니다. 이것은 드러나게 나타날 수도 있고 매우 미묘한 것일 수도 있습니다. 형태야 어떻든지 간에, 아무도 돌봐주지 않는다는 느낌으로 인해 환멸과 불만에 휩싸이게 됩니다.

이처럼 교회학교가 교사들을 유지하지 못하고 잃어버리게 되는 주된 이유는 적절한 인정과 격려가 부족하기 때문입니다. 한마디로 효과적인 소통이 없기 때문입니다.

| 한번 교사는 영원한 교사?

교사사역은 하나님에 대한 지극한 충성을 바쳐 죽을 때까지 계속해야 하는 영원불변의 봉사직이라면 얼마나 좋겠습니까? 그러나 교사로 임명되었지만 한해가 끝나기만을 기다리는 교사들이 엄연히 존재하는 것이 현실입니다. 사실 교사직분은 많은 교회에서 3D 업종으로 인식되고 있습니다. 성가대원처럼 멋진 성가복을 입고 자신을 보여줄 수도 없습니다. 교회에서 제대로 인정받는 봉사직도 아닙니다. '이름없이' 그리고 대개 지하 부서 실에서 그야 말로 '빛도 없이' 봉사합니다. 게다가 교육전도사님 처럼 사례비를 받는 것도 아니고 오히려 자기 돈 쓰면서 봉사하 는 분들입니다. 교회학교 조직도 느슨한 면이 있기 때문에 언제 든지 봉사를 쉽게 그만 둘 수 있는 자리입니다.

교사들은 무엇을 원하는가?

순교는 기독교의 오랜 역사에 이어져 내려온 빛나는 유산입니 다. 과거에는 낙인이 찍힌 인두와 족쇄, 고문기구, 그리고 사형 틀에 의해 순교를 당했습니다. 순교자는 오늘날에도 여전히 우 리가 흠모하는 믿음의 영웅이요 성인들로 추앙받습니다.

그런데 지금은 교사들이 순교당하고 있다는 사실을 아십니 까? 교회와 교회학교의 지도자들이 교사들에게 소명과 충성만 을 강조할 뿐 격려와 감사에는 빈약합니다. 그들에 대한 관심과 지원에는 인색합니다. 그래서 적지 않은 교사들이 한두 해 하다 가 사임해버리고 맙니다.

우리의 교회학교 현실은 안타깝게도 교사에게는 의무만 있고 상급은 주어지지 않습니다. 그래서 전혀 불필요한 순교의 악순 환을 되풀이하고 있습니다. 물론 하늘나라 상급은 있겠지만, 교 사들은 이 지상에서 칭찬과 격려 한 마디에 힘을 얻습니다. 교회의 지도자들이 자신들이 기여하는 바에 대해서 알아주기를 바라고 인정받고 싶어 합니다.

직장인들이 이직을 생각하는 경우는 언제일까요? 그것은 낮은 연봉이나 직책 때문이 아니라, 존중받지 못한다고 느낄 때라고 합니다. 어느 조직의 구성원이건 존중받고 있다고 생각할 때 힘이 솟는 법입니다. 사기로 먹고사는 조직으로 흔히 군대를 들지만, 교회학교야 말로 더욱 그런 조직입니다. 군대는 그래도 가장 졸병인 이등병에게도 월급주고 진급도 시켜주는 조직이지 않습니까? 그런데 교사는 물질을 얻고 승진을 위해 일하는 분들이 아닙니다. 오히려 몸과 시간을 바칠 뿐 아니라 재정적 손실까지도 감수하면서 봉사하는 경우가 비일비재합니다.

그렇기 때문에 돈이나 명예 때문에 하는 일도 아니며 다른 혜택을 누리고자 하는 일도 아닌 교회학교 봉사에 몸을 담은 그들에게 무엇보다 필요한 것은 자신들이 교회에서 지지와 존중을 받고 있다는 느낌입니다. 그러니 교회와 교회학교의 책임 있는 지도자들은 교사들이 불필요한 순교를 당하지 않도록 자신들의 봉사가 보람되며 존중받고 있음을 느낄 수 있도록 하는 일이 얼마나 중요한지를 분명히 알아야 합니다.

| 승리하는 팀이 되려면

교회와 교회학교의 지도자들은 교사들이 하는 일을 진심으로 인정하고 격려해야 합니다. 이를 다양한 방식으로 표현해야 합니다. 교사들에게 필요한 것은 교사직을 지속할 수 있는 내적인 동기를 잘 유지하는 일입니다. 이런 점에서, 리더는 효과적으로

교사들과 소통함으로써 그들로 하여금 자부심과 자발성을 가지고 봉사하도록 이끌어야 합니다. 그렇게 될 때에만 승리하는 팀을 만들 수 있습니다. 리더라면 "어떻게 하면 교사들이 지치지 않고 맡겨진 사역에 열심을 내게 할 수 있을까?", "어떻게 힘과 동기를 얻게 할 수 있을까?"하는 고민을 늘 해야 합니다.

|교사를 스타로 만들라

모든 사람은 목에다가 "나를 중요한 사람으로 느끼게 만들어 주세요." 라는 팻말을 달고 다닙니다. 아무리 하나님의 일을 하는 교사들이지만, 교회는 교사들을 스타로 대해주어야 합니다. 그러면 그들은 더 큰 자긍심으로 봉사할 것입니다.

교회 지도자들은 교사를 존중해 주어야 합니다. 그들은 마땅히 존중받을 만한 존재입니다. 그들로 하여금 "내가 하는 교사 일은 우리교회에서 꼭 필요한 것이고 중요하다."고 느끼도록 해주어야 그들을 존중하는 것입니다.

소통을 위한 Five Do-It

만약 여러분이 교회학교의 교역자나 부장이라면, 여러분은 교회학교의 아이들만큼이나 교사들을 사랑해야 합니다. 그리고 여러분의 사랑을 그들에게 보여줄 방법을 끊임없이 찾아야 합니다. 교회학교 교사들을 승리하는 드림팀으로 만들기 위해 해야 할 5가지 소통은 다음과 같습니다.

|첫째, 정보를 전달하라

정기적으로 정보를 공유하라.

리더는 무엇보다도 교사들과 원활하고도 깊은 의사소통을 해야 합니다. 사역갈등의 가장 큰 요인은 의사소통의 부재에서 출발합니다. 교사들을 가장 화나게 만드는 일은 어떤 결정이나 문제에 대해 소통이 부족하다는 것입니다. 중요한 사안에 대해 자신들은 모르고 있다고 생각합니다. 교사들은 교회학교에서 어떤 일이 진행되고 있는지에 대해서 알아야 합니다. 모든 정보를 나누는 것은 팀원을 신뢰하며 그들이 중요한 사람임을 말해주는 것과 다름없습니다.

"오른손이 하는 일을 왼손이 모르게 하라"는 성경말씀은 선행의 일에서 적용할 말씀이지 교회학교에 적용할 것은 아닙니다. 예수님은 제자들에게 당신에게 일어날 일들(잡히심-배신-죽음-부활)을 수차례 알려 주셨습니다. 교회학교의 리더는 교사들과 중요한 정보를 나누고, 여기에 대해 질문하고 답할 충분한 시간을 가져야 합니다. 정기적인 모임 외에도 밴드, 문자, 전화 등으로 늘 정보를 전달하고 공유해야 합니다.

사역을 명료화하라.

교사들은 행정적인 면에서, 자신이 어떤 일에 대해서 기대를 받고 있는지를 알아야 하며, 자신들이 지켜야 할 '행정지침'이 무엇인지를 분명히 전달받아야 합니다.

| 현장노트 |

교사 행정지침

*교사의 반목회 과제
1. 인격적 과제: 분반양떼 상담, 분반양떼와의 교제 및 활동, 교사
   친목
2. 행정적 과제: 교사모임 참여, 〈목자일지〉, 〈양떼교적부〉등 기
   록. 제출
3. 영적 과제: 복음전도, 양떼심방, 중보기도 및 예배의 모범 및 지
   도, 교사기도회, 성경학교. 수련회 참여
4. 교육적 과제: 공과연구 및 분반 및 목장모임 인도, 교사교육 및
   세미나에 참여
5. 부모사역 과제: 양떼의 부모와 가정을 존중하고, 그들과 유기적
   인 관계를 형성함으로써 관심과 협조를 유도
6. 특별과제: 재능, 특기, 팀봉사, 후원(기도, 재정, 교통, 봉사 등)
   에 따른 교사는 맡은 분야에 대한 특별한 과제를 지님

*교사의 기본 행정 과제
1. 교사회 운영
1) 교사모임 종류
−주일 교사모임 : 매주일 아침 정해진 시간에 모여 한주간의 부서
   사역에 대한 안내를 숙지하고 부서운영에 대한 사항을 논의하며,
   기도하는 모임이다.
−기타 : 부서형편과 필요에 따라 월례회, 스태프회의, 긴급모임,
   부서행사를 위한 특별모임, 자체 교사교육 등을 정기적 혹은 부
   정기적으로 실시할 수 있다.
2) 참여의 의무

모든 목자는 정해진 각종 모임에 적극 참여해야 한다. 특히 주일 교사모임은 가장 중요한 모임으로서 반드시 참석해야 한다.

2. 교사 행정
 1) 기본 행정
 - 예배실에서는 반드시 목자명찰을 착용해야 한다.
 - 〈목자일지〉는 매주일 반드시 기록하여 행정팀에게 제출한다.
 - 〈양떼교적부〉는 각 해당 사항마다 구체적으로 기록하여 제출한다.
 2) 문서 작성
  모든 서류의 글씨는 누구나 알아볼 수 있도록 정자로 쓰고 깨끗하게 써야 한다.
 가. 양떼교적부
  재적양떼들의 개인 신상을 기록하는 서류로서, 담임목자가 작성하여 행정팀에게 제출한다.
 나. 새친구 카드
  자신의 반에 새로운 아이가 처음 나왔을 때 먼저 등록을 하는 카드이다. 이 카드는 행정석에서 받을 수 있으며, 자세히 기록하여 새친구 소개시간 전까지 행정석에 내야 한다.
 다. 목자일지
  〈목자일지〉는 '새친구 출석부', '반 출석부', 그리고 '주중 사역보고'로 구성되어 있다. 매주일 이를 잘 기록해야 한다.

 또한 교사로서 준수해야 할 '안전지침'도 분명히 알려주어야 합니다. 요즈음은 부모님들이 자녀의 안전에 대해 매우 민감합니다. 교사들은 안전한 교회학교를 만들기 위한 안전지침을 잘 숙지해야 합니다.

| 현장노트 |

교사 안전지침
-교회학교에서 아이들의 안전을 어떻게 지켜줄 수 있는가?

교회는 아이들을 안전하게 보호할 의무가 있고, 아이들은 보호받을 권리가 있다는 사실을 교사 모두가 분명하게 인식해야 합니다. 이것이 아이들의 안전을 위한 가장 중요한 출발점입니다. 왜냐하면 우리는 아이들의 안전에 대해 많은 경우 무심하기 때문입니다. 안전이야 말로 교회학교에서 알파와 오메가가 되어야 합니다.

이제 우리가 아이들에게 물리적으로 안전한 환경, 신체적으로 안전한 환경, 그리고 정서적으로 안전한 환경을 어떻게 제공해 줄 수 있는지 구체적으로 살펴보겠습니다.

1. 물리적으로 안전한 환경 제공하기
교회에서 어른들의 부주의로 아이들이 다치거나 심지어 귀중한 생명을 잃는 일이 일어나서는 결코 안됩니다. 교회는 안전사고에 대한 경각심을 높이고 보다 꼼꼼하게 점검, 또 점검해야 하고 모든 가능한 안전조치를 취해야 합니다.

-교회차량은 반드시 보험적용이 되는 연령자만 운행해야 합니다.
-아이들이 차량에 타고 있을 때는 더욱 더 안전 운전해야 합니다.(신호위반 철저 금지, 과속금지, 핸드폰 금지, 100% 방어운전)
-차량에는 반드시 성인교사가 함께 탑승하여 아이들이 안전벨트를 잘 착용하고 있는지, 손이나 머리를 차량 밖으로 내밀고 장난을 치지는 않는지 잘 살펴보아야 합니다. 또한 차량에서 아이들이 내릴 때 안전사고에 조심해야 하며, 차량출발 시에도 아이들의 안전

하차를 반드시 확인한 뒤에 출발해야 합니다.

-특히 학령전 아이들이 승합차에 탔을 경우는, 차량운행 종료시 반드시 잔여자 여부를 확인하여 질식사의 사고를 예방해야 합니다.

-아이들끼리 모여 노는 장소에는 늘 사고가 일어날 가능성이 있습니다. 아이들이니 당연합니다. 위험한 물건을 가지고 놀 수도 있고 위험한 놀이를 할 수도 있습니다. 이런 점을 고려하여, 모임시 안전사고의 개연성이 있는 물건은 치워둡니다. 특별히 유리제품이나 날카로운 물건 등은 어린이들의 손에 닿지 않는 곳으로 치웁니다.

-교회학교의 행사 후에는 분반 아이들의 안전귀가를 확인해야 합니다.

-학령전 아이들이 혼자서 부서 예배실로 오는 일이 없도록 해야 합니다. 혼자 예배실로 올 때 발생할 수 있는 안전사고를 예방 하기 위해서는 부모님들이 자녀들을 부서 예배실까지 직접 양도할 수 있도록 해야 합니다. 또한 예배 후에는 교사들이 아이들을 부모님이 왔을 때만 직접 양도해야 합니다.

-외부 수련회를 준비할 때는 항상 안전을 제일로 삼아야 합니다. 행사장 장소의 안전시설을 먼저 점검하고, 사전에 행사장 근처의 병원 전화와 위치를 파악합니다. 특히 여름 행사시 물놀이 안전사고는 대부분 들뜬 분위기와 방심에서 일어납니다. 반드시 안전요원을 두고 통제와 안전교육을 철저히 해야 합니다.

-수련회시에는 음주, 폭행 등 불미한 일이 일어나지 않도록 학생들에 대한 관리감독이 철저하게 이루어져야 합니다. 이를 위해 동성의 교사가 학생들 방에 입실하여 취침해야 합니다.

-수련회시에 졸음운전을 하지 않도록 충분한 숙면을 유지해야 합니다.

-먼 곳으로 가서 행사를 할 경우에는 반드시 여행자 보험에 가입을 해야 합니다. 보험이 비록 안전사고에 대한 완벽한 준비가 될 수는 없다 해도 사고가 발생했을 경우 사고후유증을 최소화할 수 있기 때문입니다.

2. 신체적으로 안전한 환경을 제공하기

교회학교라고해서 우리의 아이들이 성폭력과 성추행의 치외법권 지역에 있지 않습니다. 성범죄자들에게는 교회란 경건한 장소가 아니라 어쩌면 범행을 저지르기에 매우 적합한 곳일지도 모릅니다. 왜냐하면 사람들은 교회에서 이런 일이 일어나리라고는 전혀 의심하지 않으며, 게다가 많은 교회에는 일반 건물과 달리 작고 밀폐된 방들이 많기 때문입니다. 이런 점을 잘 인식하여서 성범죄를 유발하거나 성의혹을 받을 수 있는 일을 미연에 방지하는 일에 최선을 다해야 합니다.

- 소아 성애자는 사춘기 이전의 어린이를 성적으로 선호하는 정신적 장애를 가진 사람입니다. 이들은 어린이들과 나이 차이가 많이 나기 때문에 항상 어린이들 주위를 배회할 수는 없습니다. 따라서 접촉할 구실을 찾습니다. 그래서 어린이와 자주 접할 수 있는 교회학교 교사로 자원할 가능성이 있습니다.
- 어린이 성희롱, 성추행의 전력이 있는 자를 당연히 교사로 받아들여서는 안됩니다. 우리는 교사지원자들을 의심의 눈초리로 볼 필요는 없지만 성범죄 전력이 있는지는 살펴보아야 합니다. 타교회에서 온 교사지원자들에게 〈교사지원서〉에 이전에 출석한 교회도 기록하게 합니다. 그래서 그 교회가 정통교단인지 확인하고, 지원한 교사에게 심각한 문제가 있었던 것은 아닌지 확인합니다.
- 학령전 어린이를 화장실로 데려갈 경우에는 반드시 동성의 교사가 데려가야 합니다.
- 교사가 아무리 순수한 의도로 하더라도, 이성의 아이와 단 둘이 홈스테이 하는 것은 허용되어서는 안됩니다.
- 가볍게 안아주거나 쓰다듬어 주는 등의 스킨십일지라도 사적인 장소에서는 피해야 합니다. 공개적인 곳일지라도 매우 신중해야 하며 최소화해야 합니다. 특히 십대들은 이성에 대해 호기심과 관심

이 급증하는 시기입니다. 결코 이성으로의 감정을 느끼게 할 만한 감정표현이나 행동을 해서는 안됩니다.

– 수련회에서 아이들의 혼숙을 허용해서는 안됩니다. 취침지도는 동성의 교사가 합니다.

– 이성의 아이와의 상담은 교회라고 할지라도 밀폐된 공간 혹은 문을 완전히 닫은 공간에서는 안됩니다. 일대일의 사적인 만남일 경우에는 문을 어느 정도 열어두어야 합니다. 교사가 이성의 아이와 홀로 이야기 나눌 필요가 있을 경우, 다른 사람들이 볼 수 있는 장소 혹은 쉽게 접근할 수 있는 장소에서 합니다.

– 앞의 이러한 수칙들을 어긴다면 일단 소아 성애자로 의심해 볼 필요가 있습니다.

3. 정서적으로 안전한 환경을 제공하기

아이들을 위협하는 모든 비정서적인 환경은 제거해야 합니다.

– 욕설, 구타, 신체적 가해 및 학대, 가혹한 체벌이나 위협을 가하는 교사는 면직합니다.

– 아이의 허락 없이 다른 아이들 앞에서 특정한 개인적인 문제(아이의 상처나 약점, 가족의 사생활)를 이야기해서는 안됩니다. 아이들의 비밀도 '어른과 마찬가지로' 동일하게 지켜져야 합니다.

– 아무리 좋은 것을 가르쳐 줄지라도 아이들을 윽박지르거나 강압해서는 안됩니다. 만약 교사가 이와 같이 한다면, 아이들은 교사가 보는 앞에서만 잘하는 척하거나 때로는 더욱 반항적인 모습을 나타내는 부정적인 결과를 가져올 수 있습니다. 아이들은 자신들이 교사로부터 존중받는다고 느낄 때 더 자연스럽게 순종하며 교육 목표에 긍정적으로 도달하게 됩니다.

– 아이들을 공개적으로 나무라거나 고함쳐서는 안됩니다. 아이들이 함께 있는 곳에서 특정한 아이를 공개적으로 나무라는 일은 아이를 소중한 인격체로 인정하지 않는다는 표현이며, 그 아이의 잘못에 대한 정당한 대응도 못되며 적절한 교육방식도 아닙니다. 아

이들은 이런 일을 당하면 두렵고 창피한 감정으로 상처를 입으며 때로는 무서운 감정에 거짓으로 잘못을 인정할 때도 있습니다. 심지어 교회를 영원히 떠나버리게 하는 원인제공자가 될 수도 있습니다.

–만약 꾸짖을 경우에는 온유한 가운데 엄격하게 꾸짖어야 합니다. 그러나 자신의 과잉된 감정을 주체하지 못하는 꾸짖음은 아이들로 하여금 자신은 쓸모없고 사랑받지 못하다고 느끼게 할 뿐입니다. 그들에게 필요한 교사는 잘못을 지적하되 사랑과 부드러움 가운데 자신의 잘못을 스스로 깨닫고 고칠 수 있도록 격려하며, 목표에 도달할 수 있도록 이끄는 어른이라는 사실을 명심해야 합니다. 교사가 바라는 것들에 관해 전혀 위협적이지 않은 방식으로 말하면서도 교육목표를 달성할 수 있는 방법을 터득하려고 노력해야 합니다.

– 아이들을 무시하는 말이나 행동을 해서는 안됩니다. 아이들은 자신이 진지하게 받아들여지기를 원합니다. 나이가 어릴지라도 그들을 '어른처럼' 대하고 존중해야 합니다.

– 필요할 경우 아이들에게 용서를 구해야 합니다. 교사가 아이들을 실망시키거나 그들에게 상처를 줄 수도 있습니다. 그럴 경우에는 필요하다면 사과를 할 줄 아는 겸손함을 지녀야 합니다. 교사들이 서로 간에 '동료 어른들에게 하듯이' 아이들에게도 잘못을 인정할 수 있어야 합니다. 많은 경우 이런 일들로 말미암아 아이들과 관계가 깊어지며 큰 교육적 효과를 가져옵니다.

또한 사역의 범위가 어디까지인지 명료하게 알 수 있도록 해야 합니다. 이를 위해 문서화된 업무기술서job description를 제공하는 것이 좋습니다(159~164 페이지 참조할 것).

|둘째, 좋은 대화를 나누라

경청하라.

팀을 이끌어 가는 생명력의 원천은 대화입니다. 리더는 자기 의사를 표현할 뿐만 아니라 교사들의 의견을 경청해야 합니다. 먼저 자신의 견해를 교사들에게 강요하려 하지 말고 이야기 나누고 귀를 기울여야 합니다. 또한 교사들이 도움을 요청하는 목소리와 불평의 목소리도 잘 듣고 문제들을 해결할 적절한 조치를 취해야 합니다.

제 경험으로는, 교회학교의 여러 난제를 이겨내고 발전토록 하는 것은 대부분 평범한 교사들로부터 얻는 현장의 지혜와 아이디어입니다. 타인의 이야기를 잘 들어주는 것이 중요한 이유는 상대방의 이야기를 진지하게 듣다보면 문제의 답을 쉽게 얻어 낼 수 있기 때문입니다. 리더는 모든 방책을 가지고 있지 않습니다. 그래서 현명한 리더는 현장에서 교사들에게 의견을 묻고, 진지하게 경청하고, 도움을 요청하고, 그리고 취할 행동을 합의합니다.

리더는 적게 말하고 더 많이 들어야 합니다. 경청하는 습관을 갖고 교사들이 말을 많이 하도록 해야 합니다. 그런데 적지 않은 리더들은 마치 욥의 친구 엘리후처럼, "욥이여 내 말을 귀담아 들으라 잠잠하라 내가 말하리라... 내가 지혜로 그대를 가르치리라."(욥33:31~33)라는 태도로 교사들을 가르치려 합니다. 그들은 마치 한 개의 귀와 두 개의 입을 가지고 있는 듯합니다.

　대화의 능력은 곧 팀을 이끌어 가는 능력이라 할 수 있습니다. 존중을 표현하는 가장 좋은 방법은 상대방의 말을 귀담아 들으려는 의지, 즉 공감적 경청입니다. 귀를 기울인다는 것은 이해를 향한 중요한 발걸음입니다. 이해한다는 것은 일치를 향한 중요한 발걸음입니다. 일치는 드림팀을 만들기 위한 중요한 발걸음입니다. 이런 점에서 경청한다는 것이 얼마나 중요한 일인지 모릅니다.

　열정으로 전달하라.
　리더는 열정적으로 대화하고 기쁨과 미소를 드러내어야 합니다. 리더의 표정 없는 얼굴과 단조로운 목소리는 현재의 사역은 시간을 투자할 만한 흥미로운 일이 아니라고 전달하는 것과 같습니다.
　열정은 교회학교의 리더에게 필수적입니다. 열정은 리더십의 핵심이자 자기주도적인 삶의 키워드입니다. 언제나 밝은 얼굴로

와서 어떤 일이든 적극적으로 받아들일 준비가 된 사람, 이런 자가 교회학교에서 에너지를 창출하며 함께 일하는 교사에게도 활력을 불어넣습니다. 열정은 거룩한 전염성이 있습니다. 리더는 열정으로 변화를 일으키는 사람입니다.

ㅣ셋째, 비공식적인 시간을 가지라

친구의식을 소유하라.

리더는 교사들과 함께 보내는 시간을 가짐으로써 그들과 친구의식을 소유해야 합니다. 사도 바울은 에바브로디도를 동역자로 묘사할 뿐 아니라 친구로서 말하고 있습니다(엡2:25~30). 우정을 발전시켜 나간다는 것은 교회 일과는 별도로 함께 시간을 보내는 것을 의미합니다. 이런 일은 교사들과의 우정을 발전시킬 뿐만 아니라 사역에 대한 비전을 전달하는 데에도 큰 도움이 됩니다. 무엇보다 이 시간은 일에 관해서 이야기하기보다 감정을 나눌 수 있는 기회입니다.

관계를 형성하라.

관계형성은 주님이 보여주신 모델입니다. 예수님은 당신의 제자들을 잘 알고 계셨습니다. 왜냐하면 그들과 함께 많은 시간을 보냈기 때문입니다(막3:14). 주님은 제자들과 같이 먹고, 같이 여행하고, 함께 사역했고, 함께 기도했고, 함께 이야기 나누었고, 함께 고기를 잡았습니다. 여러분은 교사들과 식사를 함께 한 것이 언제였습니까? 커피라도 함께 하며 이야기 나눈 적이

언제였습니까?

| 넷째, 감정의 배터리를 충전시키라

리더는 교사들의 감정계좌가 비어있지 않도록 해야 합니다. 인정, 격려, 칭찬, 긍정, 지지, 감사, 존중하는 말과 행동은 교사들에게 사역의 동기를 지속시켜 줄 뿐만 아니라 승리하는 드림팀을 만드는데 가장 능력 있는 도구들입니다.

인정과 격려의 달인이 되라.

"이는 내 사랑하는 아들, 내 마음에 드는 아들이다."(마 3:17)

칭찬과 격려를 제대로 못한다면 어떻게 리더라고 할 수 있겠습니까? 교사들을 향한 리더의 인정과 격려는 말치레가 아니라 진심어린 존중심에 바탕을 두어야 합니다. 그들의 가치를 진심으로 인정해야 합니다. 사람들은 때로는 칭찬 한 마디에 힘을 얻기도 합니다. 리더들이 보내는 작은 격려와 사소한 감사의 말 한 마디가 얼마나 큰 위력을 발휘하는지 모릅니다. 신뢰의 눈길, 한 통의 위로전화, 격려를 담은 작은 쪽지, 따뜻한 정이 느껴지는 방문, 정다운 식사 한끼, 마음이 담긴 작은 선물이 지닌 위력은 대단합니다.

이런 점을 분명히 알고, 리더는 기회가 있을 때마다 격려하는 자가 되어야 합니다. 유능한 리더는 교사에게 감사할 줄 알고, 칭찬과 격려, 그리고 용기를 줄 수 있는 기회를 부지런히 찾습니다. 바울은 교인들에게 편지를 쓸 때마다 그들의 수고와 봉사에 대해 감사. 칭찬. 격려를 아끼지 않았습니다(빌1:2~5, 살전

1:2~3, 살후2:16~17). 여러분이 교사들을 진심으로 인정하고 격려한다면, 그들은 여러분을 위해서라도 최선의 사역을 하려고 할 것입니다.

예수님조차도 용기와 격려의 메시지를 받으셔야 했습니다. 예수님께서 세례를 받으시고 물에서 올라오셨을 때 홀연히 하늘이 열리고 하나님의 성령이 비둘기 모양으로 당신 위에 내려오셨습니다. 그 때 하늘에서 이런 소리가 들려 왔습니다. "이는 내 사랑하는 아들, 내 마음에 드는 아들이다."(마3:17). 리더가 교사들에게 인정과 격려를 아낌없이 한다면, 그것은 마치 그들이 하나님으로부터 "이는 내가 사랑하는 나의 자녀, 내가 기뻐하는 자다"라는 말씀을 듣는 것과 같습니다.

√감사를 표시할 경우 말보다 글이 더 강력한 힘을 발휘한다. 간략한 내용이라도 격려의 이메일, 카톡, 카드는 큰 도움이 된다.

√기억에 남는 특별하고도 재미있는 방법으로 인정하고 격려한다.

√진심을 담아 개성 넘치는 방식으로 선물이나 상을 드린다.

| 현장노트 |

Funny한 교사시상

백만볼트 열녀상
위의 교사는 뜨거운 열정으로 영어아동부 아이들을 섬기며 또한 아이들에 대한 사랑이 피카츄의 백만볼트보다 강력하며, 그 사랑으로 아이들을 감전시키기에 상을 주고 표창합니다.

전천후 만능플레이어상
위의 교사는 영어아동부의 모든 숨겨진 힘든 일을 남에게 미루지 않고 자신의 일처럼 만능 맥가이버 같이 열정적으로 최선을 다하였기에 상을 주고 표창합니다.

불타는 도가니상
위의 교사는 열정적인 마인드와 적극적인 참여로 항상 즐겁고 신나는 분위기로 유치부를 성령의 불타는 도가니처럼 만들어 유치부의 모범이 되어 상을 주고 표창합니다.

천년지애상
위의 교사는 천년이 두 번 지나도 변하지 않는 것이 우리를 향한 하나님의 사랑이듯이, 유치부를 위해 눈물로써 기도하고 헌신하여 하나님께 영광 돌려 유치부의 모범이 되어 상을 주고 표창합니다.

배꼽빠져상
위의 교사는 헌신적으로 중등부 아이들을 사랑으로 품으며 유쾌하고 유머러스하신 분으로 아이들을 배꼽 빠지도록 재미있게 잘 지도하며 특히 아이들에게 친근하게 다가가 그리스도의 사랑을 전파하여 상을 주고 표창합니다.

잠잠히 하나님만상
위의 교사는 다른 사람들 시선에 구애 받지 않고 누구보다 겸손히 교사사역을 감당하시며, 온전히 아이들을 기도로 후원해주시어 중등부의 모범이 되어 상을 주고 표창합니다.

꿋꿋한 재기상
위의 교사는 교사사역을 거의 포기할 정도가 되었지만, 기도로써 어려운 상황들을 이겨내고 열정을 회복하였기에 상을 주고 표창합니다.

헐레벌떡상
위의 교사는 아동부 찬양인도자로서 열정적으로 땀을 흘리며 숨이 차오르도록 뜨겁게 찬양하여 어린이들의 마음문을 활짝 열어 주어 성령의 단비에 젖어들게 하였기에 상을 주고 표창합니다.

빛과 소금상
위의 교사는 언제나 겸손한 마음으로 자신을 드러내지 않은 채로 이름도 없이 빛도 없이 아주 열심히 빛과 소금의 역할을 감당하였기에 이에 상을 주고 표창합니다.

최고의 파트너상
위의 교사는 바늘 가는 곳에 실이 가야 하듯이 정교사를 잘 받쳐주어 누구에게나 귀감이 되는 파트너십을 보여주었으므로 상을 주고 표창합니다.

여우 신인상
위의 교사는 아동부 교사를 지원하여 첫 사역을 하고 있지만 누구보다 아이들을 사랑하고 누구보다 열정적으로 하나님의 말씀을 가르쳤으므로 상을 주고 표창합니다.

아름다운 부부상
위의 부부는 검은머리가 파뿌리가 되도록 사랑할 것을 하나님께 약속하였으며, 기쁠 때나 슬플 때나 아이들을 사랑하며 부부교사로서 헌신하였기에 상을 주고 표창합니다.

아름다운 미소상
위의 교사는 장미보다 아름답지는 않지만 그보다 더 진한 향기가 있으며 별빛보다 환하지는 않지만 그보다 더 따사로운 얼굴로 늘 환한 미소를 보여주었기에 상을 주고 표창합니다.

아름다운 중독상
위의 교사는 아동부의 일이라면 자신의 상황은 생각하지도 않고 열심히 봉사하며 만사를 제쳐 놓고 헌신하는 중독의 모습을 보여주었기에 상을 주고 표창합니다.

우렁 우렁 대들보상
위의 교사는 우렁각시처럼 보이지 않는 곳에서도 열심히 봉사하고, 교사들에게 크나큰 버팀목의 역할로써 고등부 성장에 한 몫을 하였기에 상을 주고 표창합니다.

감사하라.

"내가 너희를 생각할 때마다 나의 하나님께 감사하며(빌1:3)

참된 감사는 진정으로 고마워하는 마음으로부터 흘러나옵니다. 자원교사들에 대한 진정한 감사는 이벤트나 프로그램이 아닙니다. 리더는 교사들에게 감사를 표현하는데 도움이 되는 아이디어들이 필요할지도 모르겠습니다. 그러나 진정한 고마움은 그것이 마음으로 이야기를 할 때 가장 자연스럽고 진실됩니다.

교사들을 동기부여하고 팀원의 일원으로 봉사하도록 지켜내는 중요한 요소는 그들로 하여금 리더가 그들의 시간, 아이디어, 그리고 봉사를 가치 있게 생각하고 감사하고 있음을 알도록 하는 것입니다. 감사를 보여주는 효과적인 방법과 기회들을 즐거운 마음으로 고민한다면 좋은 아이디어들이 떠오를 것입니다. 그것을 실천하십시오.

또한 교사의 가족에게 감사하는 것을 잊어서도 안됩니다. 교사들은 그들의 사역을 홀로 하는 것이 아닙니다. 교사들이 쓰는 시간은 그들이 가족들로부터 시간을 할애 받아 쓰는 것입니다. 리더는 가족의 희생에 대하여 감사를 전달하고, 가족들은 교사의 사역이 지닌 영향력을 이해하게 됨으로써 교사사역에 대한 가족의 협조와 참여를 더욱 더 불러올 수 있습니다.

√영화티켓을 끊어 드려서 온가족이 행복한 시간을 보내게 한다.
√특별한 날에 가족을 초대하여 식사를 나눈다.
√일 년에 한번 교사들의 가족을 초대하는 행사를 가진다. 가족의 협조가 없었다면 교사로서의 봉사가 결코 가능하지 못했을 것이라는 점을 말하며 감사를 표한다.
√근속교사들을 감사의 마음을 담아 격려하고 축하한다.

| 현장노트 |
근속교사 시상 규정

1. 근속기간 심사기준

– 타교회에서 교사로 봉사한 것도 근속기간으로 인정함. 단, 본교회에서 3년 이상 교사로 봉사한 자에 한해서만 이전 타교회에서의 교사봉사기간을 근속기간으로 인정함.

– 교사를 하다가 중간에 사임했다가 다시 교사를 한 경우, 사임 이전 교사 년수는 근속기간에서 제외됨(즉 다시 교사를 시작한 해당 년도부터 현재까지를 교사 근속기간으로 인정함). 단, 사임기간이 6개월 이하일 경우는 사임이전 교사 년수도 근속기간으로 인정함.

– 교사근속 기간계산은 년수로 계산함.

2. 다음과 같은 예외사항을 둔다.

–여자교사가 결혼 후, 3년간의 육아휴직(임신, 출산, 양육)은 예외로 인정한다.

–남자교사가 결혼 후 1년간의 육아휴직은 예외로 인정한다.

–남자교사의 군복무 기간으로 인한 휴직은 예외로 인정한다. 그러나 제대 후 6개월 이내 근속을 재개한 경우에만, 군입대 이전의 활동기간을 승계하여 근속으로 인정한다.

–기타 특별한 사항에 대한 심의는 교육부 정책모임에서 논의하여 결정한다.

3. 근속교사 시상기준

– 10년 이상 근속교사부터 5년 단위로 해서 상장과 선물을 수여함(즉 10년, 15년으로 하여 시상한다).

– 20년 이상 근속교사부터 5년 단위로 해서 근속패와 선물을 수여함(즉 20년, 25년, 30년, 35년, 40년, 45년, 50년, 55년, 60년, 65년, 70년으로 하여 시상한다).

– 해당교사는 정교사, 인턴교사, 협력교사, 특기교사, 후원교사임.

존중하고 신뢰하라.

"형제를 사랑하여 서로 우애하고 존경하기를 서로 먼저 하며" (롬 12:10).

사람들은 어떤 대접을 받고자 합니까? 존중해 달라는 것입니다. 리더는 팀원의 진정한 가치를 존중하고 신뢰를 보여주어야 합니다. 영화 벤허를 보면, 유다 벤허가 모는 네 마리의 백마와 호민관 메살라가 모는 네 마리의 흑마가 경주를 벌입니다. 벤허는 백마에 채찍을 가하지 않고 고삐만 한 번씩 당길 뿐입니다. 반면 메살라는 속도를 내기 위해 흑마들에게 끊임없이 채찍질을 해댑니다. 신뢰와 애정으로 대하는 말과 명령과 채찍으로 대하는 말의 경기력에 주목하십시오.

이것은 사람에게는 더하다는 것은 말할 나위가 없습니다. 전선에서 장수는 병사를 나무라지 않는 법입니다. 잘못은 자신에게로 돌리고 공은 교사들에게 돌려야 합니다. 그러면 그리스도의 군사들은 스스로 일어서서 싸울 것입니다.

√교사들에게 존중과 감사를 표시하는데 필요한 예산을 책정하고 집행한다.

√감사와 격려의 벽을 꾸민다. 교사들의 이름 옆에 격려하는 글을 성도, 부모, 아이들이 쓰도록 한다.

√특별한 저녁식사에 몇몇 교사들을 초대한다.

√신뢰와 존중이 담긴 카드를 보낸다.

√분반아이들과 함께 하는 사진을 액자로 만들어 드린다.

√교사가 어려움을 당하거나 질병에 걸렸을 때 방문한다.

√교사들을 위한 즐거운 모임을 계획한다.

√주일교사모임에 담임목회자가 작은 선물을 들고 찾아가서 격려한다.

√주일 교사모임에 깜짝 간식을 준비한다.

√교사생일과 기념일을 기억하고 챙긴다.

√교사사역 보고서에 감사의 글을 남긴다.

| 현장노트 |

뜨거웠던 열정 잊지 않겠습니다!
부부동반 교회학교 교사 위로회

비판은 '사랑과 지혜의 쟁반'에 담아 전하라.

우리는 서로를 다듬어 주는 것을 게을리 하면 안됩니다. 리더
는 필요한 경우, 책망도 해야 합니다. 바울도 그러했습니다. 그
러나 교사들과 인간적인 관계도 깊이 맺어지기 전부터 질책한다
면 불필요한 갈등과 부정적인 결과를 가져올 것입니다.

리더는 사역의 잘못된 점을 지적할 때라도 사랑의 바구니에
담아서 전달해야 합니다. 성급하고 충동적이며 상대방을 비하하
는 공격적인 비판을 해서는 안됩니다. 교사들을 결코 몰아세우
거나 닦달해서는 안됩니다. 우리는 서로의 인격을 소중히 여겨
야 합니다. 사람의 존엄성에 상처를 주는 것은 죄악입니다. 자
기 기분대로 쏟아내는 비판은 숱한 갈등과 반목과 불신의 원인
이 됩니다. 하나님은 리더의 자기만족을 위하여 교사들이 희생
되는 것을 결코 원치 않으십니다.

만약 칭찬하지 않는다면 비판해서도 안됩니다. 리더는 절제된
언어와 태도로서 개선해야 할 점을 지적해야 하며, 사랑과 부드
러움의 눈길로 전해야 합니다. 비판할 수 있습니다. 하지만 그

것은 상대의 발전적 의지를 북돋워줄 수 있을 때 비로소 그 가치가 빛을 발합니다. 그래서 지혜롭게 비판해야 합니다.

지혜로운 비판이란 반사적인 대응이 아니라 사려 깊은 지도를 뜻합니다. 당사자가 충분히 받아들이고 의욕을 가질 수 있도록 메시지를 전달하는 요령을 배워야 합니다. 예를 들면, 샌드위치 기법을 사용하십시오. 나쁜 소식을 좋은 소식에 끼워 넣어서 말하십시오. 긍정적으로 대화를 시작한 후에 비판이나 수정의견을 제시하고, 마지막 발언 역시 늘 긍정적이어야 합니다.

|다섯째, 작은 성공도 함께 경축하라

작은 성공도 함께 나누어야 합니다. 스포츠 경기를 보십시오. 선수들은 자신의 동료가 조금만 잘해도 큰소리로 하이파이브를 합니다. 리더는 사역에서 얻는 작은 성공조차도 현명하게 활용할 수 있어야 합니다. 이것은 팀원들이 변화를 수용하고 동기를 유발하고 사기를 올리는 효과를 가져옵니다. 리더는 교사들이 성과를 달성하면 이를 잘 관찰하여 축하할 줄 알아야 합니다. 교사들이 일을 추진해 나가는 것에 많은 격려를 보내 주고, 달성한 성과에 대해서는 함께 기뻐하고 찬사를 보내야 합니다. 그러면 그들은 자기가 한 일에 대해 긍지와 보람을 느끼게 될 것입니다.

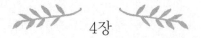

4장
교사교육과 훈련, 효과적인 방법은 무엇인가?

교사모집 → 비전발견과 공유 → 효과적인 소통 →

교사교육과 훈련 → 임파워링 → 리더십팀 개발

요즘은 잘 안보이지만 과거에는 차정비업소에 가면 '닦고 조이고 기름치자'는 구호가 붙어 있고는 했습니다. 끊임없이 닦아주고, 느슨해진 부품들을 조여주고, 기름을 쳐야만 녹슬고 망가지고 고장나는 것을 방지할 수 있습니다. 자동차를 정비해야 하는 것처럼 교사도 마찬가지입니다. 물론 한 인격체인 교사를 교통수단으로서의 자동차와 단순히 비교할 수는 없습니다. 그러나 낡지 않도록 늘 새롭게 해줌으로써 그 가치를 보존한다는 점에서는 동일합니다.

만약 교회학교가 이런 일을 게을리 한다면, 자질을 갖춘 교사를 준비하지 못한 채 팀은 점점 부실해질 것입니다. 여러가지 이유가 있겠지만, 적지 않은 교회학교가 계절 성경학교를 앞두고 교사강습회하는 정도로 만족해 합니다. 이것은 마치 정비소는 아예 가지도 않고 주유소에서 당장 필요한 기름 넣고 세차만 하는 것과 같습니다. 그렇게 차를 끌고 다녔다가는 머지않아 중고 시장에 내어놓거나 폐차해야 할 운명에 처하게 될 것입니다.

이런 점에서 교사들을 교육하는 일은 교회학교의 성패와 직결되어 있다고 할 수 있습니다. 다음 세대를 키우는 헌신된 교사, 준비된 교사들은 태어나는 것이 아니라 만들어 집니다. 훈련을 통해 계발된 교사들의 자질과 능력이 서로 어우러져서 승리하는 드림팀을 이루게 되고, 그 결과 교회학교는 건강하게 성장할 수 있습니다.

예수님은 어떻게 하셨는가?

예수님은 제자들을 선택하고는 아무 것도 가르치지 않은 채다짜고짜 "상한 자들이 보이지 않느냐? 이제 가서 내가 하듯이 하라. 행운이 있기를!" 이라고 말씀하지 않았습니다. "여기 두루마리가 있다. 이제 가서 가르치라. 직접 경험하면서 가르칠 수 있을 것이야."라고 하지 않으셨습니다. "내가 너희로 사람낚는 어부가 되게 할 것이다. 지금 당장 너희를 호숫가에 집어넣을 것이다. 가라앉든지 헤엄치든지 알아서 하거라."라고도 하지 않으셨습니다.

대신 예수님은 제자들을 선택하고 보내기 전에 그들을 가르치셨습니다. 주님은 하나님의 나라가 어떤 것인지를 비유로 가르치셨습니다. 주님의 가르침과 교훈은 권위가 있었습니다. 또한 주님은 본을 보이심으로 가르치셨습니다. 제자들과 함께 생활하며 식탁을 나누시며 자신의 삶을 통해 가르치셨습니다. 제자들은 예수님께서 귀신을 쫓아내시는 것을 보았습니다. 그들은 전도여행의 실습을 받기도 하였습니다. 이런 과정을 통해 그들은 주님의 제자로 성장해 갔습니다.

마찬가지로 교회학교 리더는 교사들이 효과적으로 사역할 수 있도록 시간과 재정을 투자해야 합니다. 교사를 모집만 했지 훈련을 시키지 않는다면 결국 소명과 자질이 없는 교사만 양성하게 될 것입니다. 교사를 모집하는 것도 중요하지만, 그들이 교사로서 필요한 영성과 전문성을 갖추고 이를 통해 훌륭한 팀을 이룰 수 있도록 훈련해야 합니다. 교사의 자질은 선천적인 것이 아니라 다듬어지고 만들어집니다. 교회교육의 질은 교사에 의해 결정되고, 교사의 질은 교사교육에 의해 좌우됩니다.

교사교육, 반드시 필요하다

많은 사람들이 교회학교의 문제와 위기에 대해서 말하고 있습니다. 그러나 헌신적인 교사, 자질 있는 교사가 있다면 그 위기는 얼마든지 극복할 수 있습니다. 교사훈련은 교사에게 부가적인 일이거나 어쩔 수 없이 해야 하는 일이 아닙니다. 다른 교회에서도 하니까 겉치레로 해치워 버려야 할 연례행사도 아닙니다. 교사훈련은 교사들의 효과적인 사역을 위해 투자하는 기회입니다. 또한 그것은 같은 비전과 열정을 품고 승리하는 드림팀을 만들어 가는 중요한 과정입니다.

리더는 교사들이 자원하여 훈련에 충실히 임할 것이라고 기대해서는 안됩니다. 누구나 편안한 것을 추구하고 힘들고 귀찮은 훈련은 싫어한다는 사실을 직시해야 합니다. 그러나 리더는 이러한 육적인 성향에 쉽게 타협해서는 안됩니다. 아무리 교사가 부족해도 헌신적이고 준비된 한 명의 교사가 오히려 준비되지 않은 열 명의 교사보다 낫다는 신념을 가지고 교사들을 설득하면서 충분히 협력을 구할 수 있어야 합니다. 설사 얼마간의 교사들이 시간과 노력을 요구하는 교사교육을 따라가지 못해 탈락된다 하더라도 원칙을 지키고 처음부터 체계적인 교사훈련이 교회학교의 전통으로 자리 잡도록 해야 합니다.

교사훈련을 해야 하는 목적은 다음과 같습니다. 첫째, 교회학교의 비전을 공유하기 위해서입니다. 교사들로 하여금 교회학교의 비전을 알도록 하고 이 비전에 동참하도록 하는 것입니다. 유능한 리더는 교사들에게 교회학교의 비전과 핵심정책을 정기적으로 알려야 합니다. 또한 이를 어떻게 이루어야 하는지를 가르치는 훈련과정을 통해 열정을 불러일으킵니다.

둘째, 교사들로 하여금 사명감을 가지고 교사직을 수행하도록 돕기 위해서입니다. 교사교육은 "왜 교사로서 이 사역을 해야 하는가?"하는 질문에 대해 분명한 대답을 제공해 주어야 합니다. 교사교육은 교사들로 하여금 그들이 누구이며 그들의 자리가 의미하고 있는 바가 무엇인지를 일깨워 주어야 합니다. 또한 교사교육의 과정에서 교사들은 열정과 능력을 지닌 다른 교사들에 의해 자극과 도전도 받게 됩니다.

셋째, 교사에게 필요한 자질과 능력을 함양하도록 도와주기 위해서입니다. 교사교육은 교사의 기본적인 자질과 기술을 함양하도록 함으로써 우수한 교사를 양성하고자 하는데 그 목적이 있습니다.

넷째, 교사들을 인정하고 격려하기 위해서입니다. 교사교육의 모임을 통해 서로가 서로에게 동기를 부여하고 힘을 얻습니다.

다섯째, 교사들 사이에 따뜻한 교제와 관계를 강화함으로써 팀워크를 세우기 위해서입니다. 교사교육의 목적은 교사 개인의 훈련에도 있지만 팀개발 또한 중요한 목적입니다. 교사들이 만나 서로를 알아가며, 함께 어울려 즐길 수 있는 기회를 가지는 것은 팀워크를 세우는데 있어서 중요한 일입니다.

교사교육, 기본을 잘 지키라

|포괄적인 교사교육 인프라가 우선이다

넓은 의미의 교사교육은 전교회적 차원에서 성도들을 세우는 모든 과정이라고 할 수 있습니다. 예를 들면, 개체 교회에서 행해지는 새신자교육을 포함한 다양한 평신도 양육프로그램, 성경공부, 제자훈련, 그리고 청년대학부의 양육과정 등은 교사로서 갖추어야 할 여러 자질과 능력을 개발해내는 포괄적인 교사교육이라고 할 수 있습니다. 교회의 교육목회가 활성화될 때 잠재적인 미래의 교사들을 훈련하는 일들은 자연스럽게 일어나는 것입니다.

그리고 담임목사를 비롯한 교회의 지도자들이 교사교육의 필요성에 대해 공감대를 가지고 투자와 지원을 아끼지 않을 때 더욱 효과적인 교사교육이 가능해집니다. 대부분의 교회 지도자들은 교사교육을 교회학교 부서의 일로만 생각하고 관심을 보이지 않습니다. 이것은 효과적인 교사교육을 어렵게 하는 보이지 않는 장벽이 되곤 합니다. 담임목회자는 물론이요, 교회의 중직들도 관심을 가지고 격려와 지원을 아끼지 않을 때 교사 스스로가 자신의 사역에 대한 중요성을 자각하며 나아가서 교사교육에 대한 교사의 높은 참여도를 가능하게 합니다.

|교사교육은 계속적인 과정이다

많은 교회학교는 교사교육을 장기적인 안목에서 계획하고 실천하는 것이 아니라 즉흥적, 단발적, 형식적, 일률적, 비체계적으로 시행하고 있습니다. 우리는 일관성 없는 교사교육에서 벗어나서 지속적이고 연계성을 갖춘 종합적인 교사양성 시스템을 갖추어야 합니다. 이를 위해 교회학교 리더들이 중심이 되어 논의하고 계획을 세워야 합니다.

교사교육의 새로운 모범과 방향을 정립하고 이를 실행해야 합니다. 이러한 일은 개인 한사람에게 일임하는 것보다 '교사훈련부' 혹은 '교사교육위원회'를 구성하여 필요한 자원들을 준비하고 훈련과정과 프로그램을 기획 · 실행 · 평가하는 것이 효과적입니다.

|프로그램이 아니라 과정이다

우리는 교사교육을 교회학교를 위한 기능적이고 운영적인 개념으로 인식하면서 단순히 훈련 프로그램의 차원으로 이해하고 있습니다. 그래서 '교사교육'하면 일시, 장소, 주제, 강사 등의 눈에 보이는 행사를 떠올리게 되었습니다. 그러나 교사교육은 형식적인 프로그램이나 명시적인 커리큘럼으로만 일어나는 것이 아닙니다. 오히려 교회생활과 교사사역에서 일어나는 크고 작은 모든 모임과 사건들, 때로는 사소해 보이는 만남과 같은 일체의 비형식적인 과정이 사실상 교사를 교사답게 성장시켜주는 것입니다.

나아가서 우리는 교사교육을 교사들을 세워주는equipping 하나의 '과정'으로 이해해야 합니다. 교사를 세우는 일은 교사교육으로만 가능한 것이 아닙니다. 그것은 교사를 효과적으로 모집하고, 배치하고, 교육하고, 자질을 향상시키고, 동기를 부여하고, 적절한 격려와 지원을 제공하고, 그리고 교회학교에서 훌륭한 리더로 성장하도록 돕는 모든 과정을 포괄합니다.

| 목적과 방법을 모두 포함하라

많은 교사들은 그들이 왜 교회학교 팀의 일원이 되어야 하는지, 교회학교의 비전은 무엇인지 모릅니다. 그저 자신들이 맡은 분반에 관련된 것만 관심하다가 교회학교의 전체를 간과해 버리고 맙니다. 이처럼, 많은 교사들은 교회학교의 비전과 목적을 이해하지 못한 채 분반운영이나 교육방법 등에만 관심을 가집니다.

그러나 교사들이 분반수업을 잘 준비하거나 학생들을 효과적으로 관리하는 것으로 교회학교가 잘 되는 것은 아닙니다. 교사교육은 교회학교의 목적과 방법 사이에 조화를 이루어야 합니다. 교사교육을 통해 "교회학교는 어떤 목적과 비전을 가지고 있는가?"를 분명히 가르쳐야 하며 동시에 교회학교 사역의 방법을 가르쳐야 합니다.

효과적인 교사교육은 교회학교의 목적why과 방법how 모두를 포함해야 합니다. 교사교육의 내용 중에는 방법적인 기술 및 활동과 아울러 교회학교의 목적과 근거, 전략, 전체 전망들을 다루어야 합니다. 이런 교육을 통해 교사들은 자신의 사역을 전체 교회학교 사역의 틀에서 볼 수 있습니다.

|현실적으로 접근하라

교사교육에 많은 교사들을 참여하고 만족을 얻도록 하기 위해서 매우 현실적이고 실제적인 관점에서 준비해야 합니다.

√융통성-교사들의 바쁜 일정을 고려한다. 예를 들면, 하나의 교육주제를 한 번의 모임으로 한정하지 말고 또 한 번의 모임을 더 제공함으로써 처음에 참여하지 못한 교사들이 참여할 수 있도록 한다. 그리고 교사들을 위해 교육영상을 교회홈페이지에 링크해 둔다. 매년 같은 커리큘럼으로 진행되는 교사교육일 경우, 올해에 참여하지 못한 부분을 내년도에 보강하도록 한다.

√편리성-교사들이 가장 편리한 시간에 훈련을 제공한다. 주일예배를 드린 후 가지는 것이 일반적이다.

√적절성(관련성)-교사들의 필요에 적절한 것이어야 한다. 현재 사역의 현장과 관련성이 있어야 한다.

√규칙성-일정하게 계획된 교사교육 커리큘럼을 제공한다. 이것이 매년 있음을 인지하고 참여하도록 한다.

√관계성-교사들은 교사교육에서 서로 교제를 가지고 끈끈한 관계로 발전하기를 원한다. 소그룹으로 혹은 부서별로 함께 이

야기하고 브레인스토밍하고, 상호작용할 수 있는 기회들을 제공한다.

√참여여부 미리 체크– 미리 참여여부를 명시하도록 함으로써 참석율을 높인다.

√시간 지키기–정시에 시작하고 정해진 시간에 마친다. 시작시간과 끝나는 시간을 제대로 지키지 않는 것은 교사들의 시간을 존중하지 않는 것이다.

√풍부한 먹거리–가능한 한 좋은 것을 제공한다. 교사들에게 제공하는 음식과 간식은 교사들을 귀하게 여기고 존중한다는 것을 말해준다. 임금과 여왕에게 하듯이 음식과 간식을 제공하라.

√피드백 하기– 교사교육을 통해 무엇을 배웠는지, 그리고 배운 것을 어떻게 적용(개인적용 및 부서적용)할 것인지 이야기하는 시간을 가진다. 만약 교사교육시 피드백할 시간이 촉박하다면, 질문쪽지에 쓰도록 한다. 이를 수거한 후에 잘 정리하여 그 결과를 알려주어야 한다.

피드백을 위한 질문

-이번 교사교육 중에서 가장 중요하다고 생각하거나 인상 깊었던 것은 무엇입니까?
-이번 교사교육 중에서 처음 알게 된 내용이나 개념은 무엇입니까?
-어떤 부분이 가장 혼돈스럽습니까?(가장 이해가 안되는 것은 무엇입니까?)
-배운 것을 어떻게 적용하고 실천하겠습니까?(개인별/부서별)

교사교육을 위한 Five Do-It

교회마다 처한 상황과 교육적 분위기는 대단히 다양합니다. 대교회와 중.소교회간의 인적, 물적 자원은 큰 차이가 있을 것입니다. 같은 지역의 교회들이라도 그 교회만의 문화와 전통이 있습니다. 이런 점에서 교사교육은 항상 개체 교회의 현실적인 상황을 고려하여 준비해야 할 것입니다. 그러나 일반적으로 효과적인 교사교육을 위해 해야 할 5가지 실천사항은 다음과 같습니다.

|첫째, 사역을 관찰할 기회를 제공하라

교사교육의 중요한 자원은 교사입니다. 동료교사들은 최고의 스승입니다. 말로 가르치는 것보다 교사 자신의 존재로서 훨씬 더 많은 것을 가르칠 수 있습니다. 교사들은 다른 교사들을 보면서 새로운 것들을 배우고 자극받고 성장할 수 있습니다. 특별히 신임교사들로 하여금 경험 많은 교사들이 분반을 인도하고 아이들을 다루는 것을 관찰하도록 하는 것은 훌륭한 교사교육입니다.

또한 개인적인 멘토링을 활용할 수 있습니다. 이것은 주로 교역자나 교사경력이 많은 모범적인 선배교사가 신임교사들을 대상으로 일대일의 친밀한 관계 속에서 교사직을 수행하는데 필요한 여러 가지 기술적인 면에서부터 시작하여 신앙적인 지도까지 해주는 방법입니다.

현장 경험보다 훌륭한 스승은 없습니다. 예를 들면 기존교사의 소그룹 모임을 참관하게 한다든지 교회학교의 리더들이 타교회의 교육현장을 탐방하는 것도 좋은 교육이 될 것입니다.

교회학교 탐방보고서

탐방일시 :
탐방자및 탐방부서 :

방문교회 부서의 체계(조직):

방문교회 부서의 공간배치및 공간활용(사진자료 첨부):

관심영역에 대한 보고(교회 및 교육부 비전, 장기전략, 핵심사역,
교육목표, 교육계획, 예배, 교사의 열정):

교사교육, 행정체제, 특화프로그램, 부모와의 협력사역의 정도, 새
친구 관리, 제자훈련, 동아리활동, 소그룹운영 등):

방문교회 또는 부서의 인상적인 사항:

탐방에서 배운 결과, 우리 부서에서 변화가 필요한 사항 및 개선사항:

우리 부서에서 적용하면 좋을 프로그램 및 시스템:

기타 나누고 싶은 생각:

기타 사진자료:

| 둘째, 신임교사교육(예비교육)을 제공하라

대부분의 교사들은 교사의 기본을 충분히 배우지 못하고 교사직을 시작합니다. 이런 일이 없도록 신임교사들이 정교사로서 사역하기 전에 이들을 위한 교육을 제공해야 합니다. 분반을 빨리 맡겨야 하는 대부분의 교회에서는, 우선 교사로 임명하여 반을 맡긴 후 예비교육을 받도록 융통성 있게 운영할 수 있습니다. 신임교사교육을 통해 교사로서 기본적으로 갖추어야 할 자질과 지식을 갖추고 교사의 역할과 소명을 정립할 수 있습니다. 또한 신임교사들이 서로의 관심을 나누고 서로를 알아가는 친교의 기회도 될 수 있습니다.

| 현장노트 |

기본 교사교육

명칭 : 101교사교육

"훌륭한 교사는 태어나는 것이 아니라 만들어집니다."

◆목표와 특징

교사경력 3년 이내의 분들에게 필요한 기본적인 교육과정을 제공하기 위함이다.

1) 목자로서 갖추어야 할 사명감과 자질을 개발

2) 현장중심의 적용과 나눔의 과정

3) 목자들간의 도전과 격려의 과정

◆참여필수 대상

본 교회에서 교사경력 3년 이내의 교사 (2012년 이후에 본교회에서 교사하신 분)

• 그 외 교사들은 자유롭게 참여 가능 ('6강' 중에서 선택참여 가능)

◆교육기간 및 시간

2015년 4월 12일~5월 10일의 주일(1:30)과 수요일(8:00) 총 8회

(5월 3일 통합예배주일은 휴강)

◆교육장소
수요일 – 3층 세미나실, 주일 – 1층 비전홀

◆교육내용

1강(4/12)	교회학교, 왜 중요한가?	4강(4/22, 26)	주님, 제가 목자입니다! (교회학교 교사론2)
2강(4/15)	교회학교는 어떻게 움직이는가? (교회학교의 정책. 조직. 행정)	5강(4/29)	반목회, 양떼와 함께하라!
3강(4/19)	주님, 제가 목자입니다! (교회학교 교사론1)	6강(5/6, 10)	반목회, 부모와 함께하라!

*강사 : 김청봉 목사 *회비 : 일만원(핸드북, 간식 제공)

첫모임: 4월 12일 (주일 오후 1시 30분, 비전홀)

--------------'101 교사교육' 신청 (절취선)--------------
2015년도 '101교사교육'(기본교사교육)이 4월12일(주일)부터 8회에 걸쳐 진행됩니다. 신청하신 분은 최선을 다해 참석하면 유익한 시간이 되리라 기대합니다.

◆참여필수 대상 : 2012년 이후부터 본교회에서 교사하신 분 가운데 101교사교육을 수료하지 않은 분
• 그 외 원하는 목자님은 '6강'중에서 자유롭게 선택하여 참여하실 수 있음

〈 101 교사교육 참여를 신청합니다 〉

성함		소속 부서	
연락처		교사경력 (본교회에서 교사를 시작한 시기)	_____ 년 _____ 월부터 교사했음
참여필수 대상이 아닌 목자님이 신청하실 경우		'6강' 모두 가능한 한 참여하겠습니다 ( )	
		'6강' 중에서 일부 강의만 참여하겠습니다 ( )	

| 셋째, 계속교육을 제공하라

교사가 된 이후에도 정기적인 훈련이 필요합니다. 교사들을 계속 교육시킴으로써 그들은 자신의 자질을 향상시키고 교사로서의 전문성을 개발할 수 있습니다. 그들은 계속적인 교육을 통해 교회의 단순한 자원봉사자가 아니라 전문성을 갖춘 봉사자로 성장하는 것입니다.

| 넷째, 전문교육을 제공하라

전문교육은 부서의 부장을 비롯한 지도자급의 교사들을 대상으로 하는 교육입니다. 이들은 교회학교에서 중추적인 역할을 감당하는 리더들입니다. 전문교육은 이들을 제대로 세우고 리더십팀의 일원으로 성장하도록 돕는 교육은 승리하는 드림팀을 이루기 위해 꼭 필요한 과정입니다.

| 현장노트 |

1. 교사교육의 과정과 목표

기본교육과정 (101교사교육)		계속교육과정 (201교사교육)		전문교육과정 (301교사교육)
교사의 교육적 사명을 일깨우고, 교회학교 사역에 필요한 기본적인 내용을 터득하도록 돕는다.	⇒	교사의 지속적인 성장을 위해 심도 있는 내용을 제공하며, 교회에서 활용할 수 있도록 실천력을 기른다.	⇒	보다 전문적이고 전략적인 교육과정을 제공함으로써 우수한 교사 및 지도자를 양성한다.

2. 교사교육의 내용

● 기본교육과정(6강)
교회학교의 중요성
교회학교의 철학 · 정책 · 조직 · 행정
교회학교 교사론1, 2
양떼와 함께하는 반목회
부모와 함께하는 반목회

● 계속교육과정(5강)
교회학교 현장과 실제
학습자 이해와 학습스타일
학습자 중심의 교수-학습
심방. 홈스테이의 실제
소그룹 인도

● 전문교육과정(5강)
건강한 교회학교를 위한 원리와 전략
건강한 교회학교 디자인하기
교회학교 리더십개발
교회학교 팀스피릿
프로그램 개발 및 행정

|다섯째, 다양한 형태와 방법의 교사교육을 제공하라

교사들의 경험과 필요에 맞게 다양한 교육방법이 시도되어야
합니다. 교사수련회, 교사세미나, 교사헌신예배, 교사기도회, 교
사부흥회 등도 훌륭한 교사훈련의 기회들입니다. 교회학교 혹은
부서의 문제들을 노출, 정리하면서 해결의 실마리를 찾아보는
워크샵이나 연구모임도 좋은 방안이 될 수 있습니다. 교사들이

스스로 정한 주제를 연구하고 발표하는 비형식적인 모임도 좋은 방법입니다. 교사들이 책을 선정하여 읽은 후 토론할 수 있는 스터디그룹을 운영할 수도 있습니다. 전문교육기관이 주최하는 세미나와 컨퍼런스에 보내어 배우게 하는 것도 한 방법입니다.

다양한 교사교육의 기회들

*지역교회가 함께하는 연합 교사교육
개체교회가 체계적인 교사 양육과정을 두는 것이 어렵거나 재정문제로 교사교육에 투자에 어려움이 있다면, 연합으로 하는 교사교육 과정이 도움이 될 것이다.

*교사강습회
대개 지방회 차원 혹은 개체교회에서 1년에 한두 번 특별기간에 하는 것이다. 대부분 계절성경학교에 몰려있다. 개체교회의 훈련 방법 중 가장 많이 사용하는 방법이다. 그러나 많은 경우 커리큘럼이 임의적으로 짜여져서 장기적인 교사개발에는 부적절하다.

*교사워크샵(교사연구모임)
교회학교 현장에서 일어나고 있는 문제들과 특별한 주제들을 가지고 교사들이 주체적으로 깊이 있게 연구하며 해결점을 찾도록 돕는다. 이 과정에서 사례연구나 자신이 맡은 분야별 결과를 공유함으로써 교사들이 스스로 자신의 관심분야를 전문화시켜갈 수 있다. 또한 서로 배우고 격려를 받을 수 있는 훌륭한 기회가 될 수 있으며, 나아가서 교회학교의 리더계발의 역할도 한다. 그러나 교사들이 피동적인 태도를 취하거나 교육지도자들이 적절한 자료제공 및 도움을 주지 못할 때 어려움을 겪을 수 있다. 비정기적으로 필요에

따라 모일 수도 있고, 일정기간의 간격을 두고 정기적으로 실시할
수도 있다.

*교사수련회(퇴수회)

교사들이 교회를 떠나 수양관이나 기도원에 모여 영성훈련과 충전
의 시간을 가진다. 또한 그 동안 부서에서 문제되었던 것을 토론하
며 교회학교 혹은 부서의 전반적인 운영과 정책을 검토한다. 그리
고 교사로서의 자신의 경험, 성공사례, 실패의 경험담 등을 나누는
시간도 가질 수 있다. 또한 공동식사, 자유시간, 친교시간을 가짐
으로 서로간의 유대를 강화할 수 있다.

*안식년 교육

교사들이 6년을 봉사한 다음에는 1년 동안 안식년을 갖게함으로써
재충전의 기회를 가질 뿐만 아니라 전문교육의 기간으로 활용할 수
있다. 안식년에 해당하는 교사들은 이러한 교육을 통해 다음해에
더욱 효과적인 사역을 감당할 수 있을 것이다. 교회사정에 따라 3
년 사역후 6개월간의 재충전 시기를 가질 수도 있다.

*교육자료 센터를 통한 교육

책, 잡지 등을 읽고 서로 독서발표와 토론하도록 한다. 교회의 한
곳을 택해서 그 곳을 교육자료 센터로 활용한다.

2011 전반기 교사세미나

대전선교 / 민족선교 / 세계선교 한빛감리교회

오늘 배우기를 멈추면 내일 성장하기를 기대할 수 없습니다.
하나님은 완벽한 목자를 찾지 않으십니다. 다만 하나님을
사랑하고 다음세대들을 향한 마음과 관심을 가지고, 배우고자 하는
열의만 있으면 됩니다.
이를 위해 금번 교육부에서는 **"사랑으로 부흥하는 반목회"**라는
주제로 교사세미나를 준비하였습니다.
유능하고 신실한 목자로 더욱 다듬기 위한 교사세미나에 꼭
참여하시기를 기대합니다.

2011년 1월 9일
교육부장 양병하

일시	시간	내용
1월 15일 (토)	5:00 – 5:30	찬양
	5:30 – 6:20	강의1: 사랑으로 부흥하는 반목회(정기영 목사)
	6:20 – 7:00	저녁식사 & 교제
	7:00 – 8:00	강의2: 사랑으로 부흥하는 반목회(정기영 목사)
	8:00 – 8:30	질의 및 피드백
1월 16일 (주일)	3:00 – 3:20	찬양
	3:20 – 4:00	교회학교 ORT: 조직 및 업무기술, 교사행정지침
	4:00 – 5:00	강의3: 2011년도 교회학교 정책지침(김정봉 목사)
	5:00 – 5:40	저녁식사 & 교제
	5:40 – 6:20	부서별 모임: 2011년도 각 부서 운영지침 (담당 교역자)
	6:20 – 6:30	쉬는시간
	6:30 – 7:00	안수기도(담임목사)
	7:00 – 7:20	특송연습

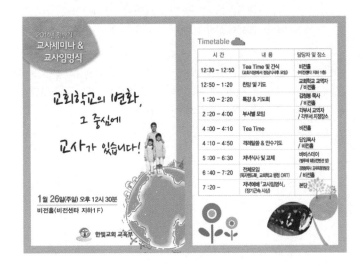

2011년 전반기
교사세미나 &
교사임명식

교회학교의 변화,
그 중심에
교사가 있습니다!

1월 26일(주일) 오후 12시 30분
비전홀(비전센타 지하 1F)

한빛교회 교육부

Timetable

시 간	내 용	담당자 및 장소
12:30 – 12:50	Tea Time 및 간식 (교회식당에서 점심식사후 모임)	비전홀 (비전센타 지하 1층)
12:50 – 1:20	찬양 및 기도	교회학교 교역자 / 비전홀
1 :20 – 2:20	특강 & 기도회	김정봉 목사 / 비전홀
2 :20 – 4:00	부서별 모임	각부서 교역자 / 각부서 지정장소
4 :00 – 4:10	Tea Time	비전홀
4 :10 – 4:50	격려말씀 & 안수기도	담임목사 / 비전홀
5 :00 – 6:30	저녁식사 및 교제	비비스데이 (행주체 네타먼센터 앞)
6 :40 – 7:20	전체모임 (오리엔테이션, 교회학교 행정 ORT)	김정봉목사, 장덕형행정팀 / 비전홀
7 :20 –	저녁예배 '교사임명식, (정기근속 시상)	본당

2011년 후반기 교사세미나
9월 4일(주일) 오후 1:00~3:00

– 하나님은 다음세대를 사랑하고
그들의 신앙과 삶을 도와줄 목자들이 훈련받기를 원하십니다.
〈후반기 교사세미나〉에서 당신의 시간과 열정을 투자하십시오.

12:30–12:50	간식 & 티타임		3층 아동부실	다함께
12:50–1:30	전체 모임		3층 아동부실	김청봉 목사
1:30–3:00	부서별 모임	영아부.유치부	5층 교역자회의실	홍광표 목사
		영어아동부	8층 에덴동산	최은미 간사
		아동부	3층 교사회의실	홍진화 전도사
		청소년부	4층 중그룹실	송한호 목사

홍광표 목사: 現 대전) 중부감리교회 담임목사
송한호 목사: 前 분당) 지구촌교회 교육목사. 現 한국어린이전도협회 대전지회 대표
홍진화 전도사: 前 한빛감리교회 아동부 담당전도사. 現 교회학교 사역연구소 소장

2013년 전반기 교사세미나 일정표

시 간	내용	장소
12:30–12:50	Tea Time/목자핸드북 배부	1층 한빛홀
12:50–1:00	찬양 및 기도	1층 한빛홀
1:00–2:30	부서별 특강	지정된 장소
2:30–3:10	부서별 모임 (특강 피드백, 2013년도 부서운영지침)	지정된 장소
3:10–3:20	Tea Time	지하 1층 비전홀
3:20–3:50	2013년 교회학교 정책지침/ 교회학교 행정 ORT	지하 1층 비전홀
3:50–4:10	Funny한 교사시상	지하 1층 비전홀
4:10–4:50	안수기도	지하 1층 비전홀
4:50–5:00	특송연습	지하 1층 비전홀
5:00–7:00	식당으로 이동. 저녁식사 및 교제	바비스데이
7:00–7:20	교회로 이동. 자유시간	
7:20–	저녁예배(교사임명식) *지정된 앞자리에 10분전 착석	본당

5장
임파워링,
팀을 세우는 핵심 포인트로 삼고 있는가?

교사모집 → 비전발견과 공유 → 효과적인 소통 →

교사교육과 훈련 → 임파워링 → 리더십팀 개발

교회학교에 가보면, 많은 리더들이 정말 열심히 봉사합니다. 그런데 많은 경우, 맡겨진 과다한 일로 지쳐있습니다. 그들은 교회학교를 위해 발 벗고 뛰는 사람은 자신뿐이라고 생각합니다. 다른 교사들에게 일을 맡기면 자신이 한 것만큼 성에 차지 않아서 답답함을 토로합니다. "내가 없으면 교회학교가 굴러가질 않아!", "나는 이렇게 열심히 일하는데 당신들은 왜 그렇게 열심히 하지 않는가?"라는 불만으로 가득 차 있습니다. 어떤 리더는 "내가 안심하고 일을 맡길만한 교사가 없다."고 안타까워합니다. 어쩐지 익숙한 이야기 아닙니까?

교회학교 리더들은 왜 실패하는가?

그러나 이렇게 답답하고 불만스럽고 안타까워하는 원인은 리더 스스로에게 있는 경우가 많습니다. 문제는 그 열심은 좋으나 그들이 승리하는 팀을 만드는데 실패하는 것입니다. 그것은 교사들에게 권한을 위임하여 그들의 능력과 강점을 제대로 활용하지 않기 때문입니다.

많은 리더들은 교사들에게 역할을 맡겨봤자 제대로 일을 완수하지 못할 것이라고 지레 판단해 버립니다. 어떤 리더들은 교사들에게 권한과 책임을 줘서 일이 꼬이거나 시간을 낭비하는 것보다는 자기가 모든 일들을 하는 것이 더 효과적이라고 생각합니다.

이런 리더들은 독재자라고 할 수 있습니다. 자기만이 모든 해답을 가지고 있다고 생각합니다. 중요한 결정이나 행사를 할 때에 교사들을 소외시킵니다. 교사들에게 의사표시할 기회를 주지 않습니다. 그래서 정보도 제대로 주지 않습니다. 행사의 일을 나누어 맡기지도 않습니다. 반면에 독재자는 아닌데, 어떤 리더들은 마음이 약해서 교사들에게 뭔가를 맡기면 그들이 싫어할 것이라고 지레 짐작하고는 팔방미인마냥 거의 모든 일을 도맡아 합니다.

| '스타플레어'가 이끌어 가는 교회학교
소수의 교역자나 부장이 많은 일을 도맡아 하는 교회학교를 가보면, 그들의 달력과 수첩은 연중 바쁜 프로그램과 행사로 가득 메모되어 있습니다. 아침 일찍 출근해서 저녁 늦게까지 많은 일을 하는 것이 미덕이 되었던 60~70년대 산업화시대의 역군이 따로 없습니다.

이런 교회학교는 한 두 사람의 리더인 스타플레이어에게 의존하고 그들의 책임과 권한에 집중합니다. 소수의 바쁜 사람들에 의해 돌아가는 시스템이라고 할 수 있습니다. 팀으로 말하자면, 소수의 키 플레이어에 의존하는 팀입니다.

그 결과는 무엇일까요? 첫째, 비능률적인 팀으로 전락하고 맙니다. 교사들의 참여, 창의성, 주인의식을 이끌어 내지 못하고 그들을 사역의 구경꾼으로 머물게 합니다. 둘째, 리더가 어려움에 처합니다. 그들은 늘 시간에 쫓기며 온갖 무거운 십자가를 혼자 지고는 탈진과 좌절을 겪게 됩니다. 마지막으로, 일인 원맨쇼 사역에 익숙한 교역자나 부장 등의 리더가 교회학교에서 손을 떼거나 사임했을 때에 큰 혼란에 빠지고 맙니다. 한 두 명의 특출한 스타플레이어가 없어진 교회학교는 새로운 또 다른 스타플레이어를 기다리는 동안 표류하기 십상입니다.

특별한 몇 몇 스타플레이어가 교회학교 일을 도맡아 해서는 안됩니다. 승리하는 팀을 만들기 위해서는 팀워크를 이루어 함께 일해야 합니다. 교회학교의 성공에 대한 하나님의 표준이 있다면, 그것은 팀워크입니다. 이를 위해서 리더들은 무엇보다 교사들에게 임파워링Empowering하는 자가 되어야 합니다.

임파워먼트Empowerment란 무엇인가?

우리가 보통 '권한위임'이라고 번역하는 임파워먼트에 대한 가장 큰 오해는 파워를 권한이라고 해석하고, 그 권한을 배분하는 것에 초점을 두는 것입니다. 그렇게 된다면 임파워먼트는 상급자가 아랫사람에게 선심 쓰는 것이고 베푸는 일이 될 것입니다. "나는 왕이고 너희는 신하다. 나는 선량한 왕이니 내 파워를 너희에게 조금씩 흘려주겠다." 라는 왕이라면, 자신의 마음이 바뀌면 그 파워를 언제든 되찾아 갈 것입니다.

그러나 임파워먼트는 파워를 잃는 것도 주는 것도 아닙니다. 임파워먼트란 파워를 많이 가진 사람이 자신의 권한을 떼어서 파워를 적게 가진 사람에게 주는 바람에 상급자의 권한은 줄어들고 아랫사람의 권한은 그만큼 늘어난다는 의미가 아닙니다. 혹은 팀 전체의 역량은 그대로인 채, 한 사람의 파워는 줄고 반면에 한 사람의 파워는 늘어나는 것을 의미하지 않습니다.

임파워먼트란 그동안 조직 통제나 조직의 폐쇄적인 문화로 인해 개인 속에 억눌려 있던 역량을 발견하고 역량을 풀어주고 키워주는 과정입니다. 그래서 팀원이 수동적이기보다는 능동적으로 일하게 하는 것입니다. 말하자면 리더가 팀원의 개인 속에 묶여 있어 발휘되지 못하던 역량과 잠재력을 계발할 수 있도록 이끌어 주는 것입니다. 그 결과, 리더를 포함한 팀의 모든 구성원이 함께 영향력을 발휘하면서 팀의 전체 역량이 증대되는 것을 의미합니다. 즉 팀원이 서로 협력하여 파워가 밑에서 위로, 위에서 밑으로, 양옆으로 커져나가면서 서로가 파워를 키워주는 것입니다. 그런 의미에서 임파워먼트는 '권한위임'보다 '역량증대' 혹은 '역량확산'이라고 번역하는 것이 훨씬 적절합니다.

또한 임파워먼트는 리더가 불필요하다는 것이 아니라 리더의 역할이 변화됨을 의미합니다. 리더의 역할은 어떤 성과나 결과를 가져오는 것에 초점이 있는 것이 아니라 새로운 아이디어를 서로 내고 문제 해결능력을 키울 수 있는 환경을 조성하고, 사람들을 효과적으로 일하도록 코칭하고, 이를 통해 팀을 효율적으로 형성해 가는 과정에 있습니다.

| 업무위임과 권한위임은 다르다

우리는 업무위임delegation과 파워(권한)위임empowerment을 종종 혼돈하고는 합니다. 리더가 부하 직원에게 업무를 시키는 것은 부하직원이 리더의 일을 덜어줌으로써 자신을 보조해 주는 사람으로 인식하는 것이며, 리더는 이를 통해 자신의 시간을 절약하는 것으로 이해하는 것입니다. 그리고 리더는 그 시킨 일을 보고받고 평가하는 위치에 서게 됩니다.

그러나 임파워먼트는 전혀 다릅니다. 그것은 위임된 파워가 제재 받지 않고 능동적으로 실제로 발휘되어 성과를 증대할 수 있도록 리더가 여러 조치들을 지원해 주는 것입니다. 왜냐하면 팀원을 존중할 뿐만 아니라 그들도 능력 있는 리더가 될 수 있다고 믿기 때문입니다.

| 임파워먼트를 통해 교사를 세우고 성장시키라

교회학교는 리더의 임파워먼트를 통해 행한 일이 아니라, 행한 사람을 얻는 것입니다. 교회학교는 이루어진 일의 결과도 중요하지만 오히려 행한 사람을 자산으로 얻는 것이 훨씬 더 중요합니다. 비록 완벽하진 못하더라도 그 일을 위임받아 해낸 사람을 얻는 것입니다. 어떻게 보면 사람들을 얻고 그들을 리더로 키워내기 위해 그 일을 사용하는 것입니다. 이처럼 임파워먼트는

교사들을 적절히 코칭함으로써 리더로 성장시키고 나아가서 승리하는 팀으로 만들어 줍니다.

여러분은 무엇이 목표입니까? 행사 목표달성이 목표입니까? 임파워먼트를 통해 사람을 성장시키고 이로써 팀의 역량이 커지는 것이 목표입니까? 후자가 되길 바랍니다. 이런 교회학교에 가보면, 교사들은 즐거워 보입니다. 자신감에 차 있고 열정적이고 맡은 사역에 몰입하는 것을 볼 수 있습니다. 교역자나 부장도 돌아가는 일들을 일일이 챙기고 따지지 않고 교사들을 신뢰하고 여유가 있어 보입니다.

임파워링 리더십의 4가지 의미

1. 임파워링 리더십은 팀원에게 성장의 기회를 주는 것이다. 그들에게 자원을 제공하고 다른 사람들을 이끌 기회도 제공한다.
2. 임파워링 리더십은 팀원의 능력과 역량을 신뢰하는 것이다. 팀원들의 능력과 역량을 믿지 못한다면 권한을 위임할 수 없다. 능력과 역량을 신뢰한다는 것은 겉으로 보이는 능력뿐 아니라 잠재적인 능력까지 신뢰한다는 뜻이다.
3. 임파워링 리더십은 팀원의 의견을 존중하는 것이다. 임파워먼트가 실패하는 큰 이유는 실질적으로 의사를 결정할 수 있는 권한을 팀원에게 주지 않기 때문이다.
4. 임파워링 리더십은 팀원을 통제하고 명령하고 지침을 하달하는 것이 아니라, 그들을 함께 사역하는 동역자로 인정하는 것이다. 즉 윗사람과 아랫사람이라는 수직적 관계가 아닌 협력적 관계를 추구하는 것이다. 그래서 리더는 팀원이 그 일을 자율적으로 할 수 있도록 도와준다.

임파워링 리더십을 위한 자기 점검표

임파워링 리더십	전혀 그렇지 않다 1	그렇지 못한 면이 많다 2	보통이다 3	그런 면이 많다 4	매우 그렇다 5
나는 팀원에게 성장할 기회를 부여한다					
나는 팀원의 보이는 능력뿐만 아니라, 잠재적인 능력과 역량도 신뢰한다					
나는 필요시, 팀원에게 의사결정을 할 수 있는 권한을 부여한다					
나는 목표를 달성하기 위해 팀원과 동역자로서 수평적인 관계를 추구한다					

| 임파워먼트를 가로막는 장애물

왜 리더들은 교사들에게 권한과 책임을 줘서 그들이 주인의식을 가지고 봉사하도록 하지 못할까요? 팀에 있어서 임파워먼트가 가진 가치에도 불구하고 왜 리더들은 함께 일하는 팀워크를 형성하지 못하고 팀을 쓰러뜨리고 말까요?

통제하고 싶은 욕구.

리더가 통제하려는 욕구를 가지는 가장 일반적인 이유는 리더 자신의 불안정성 때문입니다. 즉 리더가 다른 사람에게 힘과 영향력을 준다면, 그들은 리더인 자신을 침해하고 자신의 사역을 손상시킬 것이라는 막연한 두려움을 가지는 것입니다. 그러나 그런 두려움은 거의 대부분 남을 통제하고 싶어 하는 죄성으로부터 나옵니다. 우리는 이러한 죄성으로부터 자유롭지 않습니다. 그래서 더욱더 성령의 조명으로 자신을 낮추는 연습을 해야 합니다.

좀스러운 시기심.

자신보다 능력이 있는 사람이 그 일을 대신하는 것을 싫어합니다. 그 사람과 함께 일할 경우, 자신보다 일을 더 잘할 것이라는 두려움을 가지기 때문입니다. 그래서 많을 리더들은 팀원의 능력에 대해 내밀한 질투심을 유발하며, 다른 사람들이 들어오지 못하도록 자기 주변에 장벽을 칩니다. 그러나 리더는 특정한 일에 자기보다 일을 더 잘하는 사람들을 환영하고 함께 해야 합니다. 그래야 다음세대를 세우는 교회학교의 위대한 일을 효과적으로 할 수 있습니다.

팀동료보다 자신이 더 돋보이려는 소아병적 심리.

리더는 종종 자신을 좋게 보이려고 하고, 홀로 빛나는 슈퍼스타가 되려고 합니다. 남들이 잘하면 자신을 더는 필요로 하지 않을 것이라고 생각합니다. 남들이 성공적으로 보이면 자신은 형편없는 사람으로 보이는 것 같아 두려워합니다. 자신은 뒷방 늙은이처럼 할 일이 없어질까 봐 불안해 합니다. 그에게 중요한 것은 팀의 성공이 아니라 자신이 받을 스포트라이트입니다. 그러나 진정한 리더의 역할은 팀원에게 일을 맡겨 잘하도록 도와주어서 빛나게 해주는 것입니다. 팀원이 하나님이 원하시는 일을 잘 이룰 때, 하나님의 눈으로 본다면 그들이 성공했을 뿐만 아니라 리더도 성공한 것입니다.

자신에 대한 과대평가.

어떤 리더는 "내가 적임자야.", "나 밖에 없어."라는 생각을 가지고, 모든 일을 직접 조정하려고 합니다. 이런 생각은 정확한 판단일 수도 있습니다. 다른 사람들은 리더만큼 일을 제대로 할 수 없을지도 모릅니다. 그러나 그렇다고 해서 계속 리더 혼자 해서는 효과적인 팀이 될 수 없습니다. 책임감이 있는 것과 혼자서 모든 일을 하는 것은 같은 의미가 아닙니다.

만약 리더가 이런 자세를 계속 가진다면 무엇이 문제일까요? 첫째, 리더가 다른 사람들이 가진 잠재력을 믿지 못하고 그들이 팀의 중요한 일들을 감당할 수 있는 리더로 성장하도록 도울 수 없습니다. 둘째, 결코 비전을 이룰 수 없습니다. 혹시 리더 혼자서 비전을 이루었다면, 그것은 혼자해 낼 수 있을 만큼 작은 비전에 불과하였기 때문입니다. 리더가 축구선수로서 원맨쇼 하듯이 헤드트릭을 기록했다면, 상대편이 너무 약팀이었기 때문입니다. 일류급의 상대팀에게는 통하지 않습니다. 리더는 헤드트릭의 환상에서 벗어나서 팀원에게 패스도 해주어야 합니다.

다른 사람에게 빚지고 싶지 않다는 생각.

때로는 일을 맡기면 거부당할 수도 있습니다. 때로는 싫은 소리도 해야 합니다. 그래서 차라리 자신이 모두 감당하는 것이 마음 편하다고 생각할 수 있습니다. 그러나 리더는 팀으로 함께 일하는 자세를 늘 유지해야 하고, 일을 맡길 수 있어야 합니다. 교회학교 사역은 소수 사람의 책임이 아닙니다. 그것은 사역과 관련된 모든 교사들의 책임이요 기쁨이 되어야 합니다.

임파워링 리더십으로 팀을 세우라

교회학교 리더는 교사들이 스스로 의사결정을 내리고 재량권을 가지고 일할 수 있는 문화를 만들어야 합니다. 우리는 예수님으로부터 이 점을 배워야 합니다. 예수님은 이 지상에서 가장 강력하신 분이셨지만 당신의 능력과 파워를 제자들과 나누셨습니다. 이 지상에서 마지막 순간에서 조차도 주님은 제자들에게 능력을 부여하셨습니다. 예수님은 하늘로 승천하기 전, 제자들에게 당신의 일을 잘 수행할 수 있도록 권한을 넘겨주셨습니다. "하늘과 땅의 모든 권세를 내게 주셨으니 그러므로 너희는 가서 모든 민족을 제자로 삼아 아버지와 아들과 성령의 이름으로 세례를 베풀고 내가 너희에게 분부한 모든 것을 가르쳐 지키게 하라 볼지어다 내가 세상 끝날까지 너희와 항상 함께 있으리라"(마28:18~20).

|승리하는 팀을 위해 리더십을 나누라
리더십은 파워를 얼마나 적절하게 사용하느냐에 대한 것입니다. 파워를 위임하지 않는 것은 신뢰하지 않는 것입니다. 그러나 팀원을 신뢰하는 리더는 그들에게 파워를 위임합니다. 리더십은 리더가 교사들에게 무언가를 행하는 것이 아니라 그들과 더불어 해나가는 것입니다. 만일 리더와 함께하는 교사들이 없다면 그는 리더로서 그들을 인도하고 있는 것이 아닙니다. 그저 일만 하고 있을 뿐입니다. 승리하는 팀을 원한다면, 리더는 교사들에게 자유롭게 의사결정을 하고 또한 일하는 방식도 선택할 수 있도록 함으로써 팀을 더욱 발전시켜야 합니다.

|승리하는 팀을 위해 리더의 심장을 주라

사람은 누구나 남에게서 인정과 존중을 받고 싶은 욕구가 있습니다. 나아가서 자신의 능력을 발휘해 보고 싶은 자아실현의 욕구, 그리고 보다 상승된 책임과 직무를 감당하고 싶은 성취욕구도 있습니다. 대부분의 교사들은 리더가 자신의 역량을 신뢰하고 인정하고 파워를 맡길 때 일하고 싶은 동기부여를 받습니다.

교회학교 리더가 승리하는 팀을 세우는 일은 교사들에게 단순히 일을 시키는 것으로 이루어지지 않습니다. 그것은 교사들에게 리더의 마음과 심장을 주는 것입니다. 리더가 그런 사람인지 아닌지 어떻게 알 수 있을까요? 그것은 리더가 그들에게 일을 할 수 있도록 파워를 부여하는지 아닌지의 여부로 판단할 수 있습니다.

임파워먼트를 위한 Five Do-It

교사들을 승리하는 드림팀의 일원으로 만들기 위해 필요한 5

가지 임파워링 실천사항은 다음과 같습니다.

| 첫째, 팀모임을 소중히 여기라

리더는 정기적으로 교사들이 모일 수 있도록 힘써야 합니다. 리더가 모임을 소홀히 하는 이유는 계획을 세우려는 마음이 없고, 교사들에게 자신을 개방하기를 두려워하고, 정보 나누기를 꺼리기 때문입니다. 또한 모여서 여러 이야기가 나오면 골치 아프다고 생각하기 때문입니다.

그런 리더는 긍정적이고 효과적인 팀모임을 진행하는 법을 모릅니다. 그래서 교사모임이 있더라도 긍정적이고 건설적인 시간으로 활용하지 못하는 것입니다. 교사들은 의사결정 과정에 제대로 관여하지 못할 때 수동적으로 되어버립니다. 리더가 모조리 이야기하고 모든 결정을 내리기 때문입니다. 하고 싶은 말이 있어도 입을 다물고 맙니다. 그래서 교사들은 다음 모임을 기대하는 것이 아니라 그 모임이 끝나기를 기대하는 것입니다.

물론 리더는 경험에 따른 노하우가 많고 자신이 가진 더 큰 권한으로 할 말이 많을 것입니다. 그래서 일방적으로 말하는 입장이 되기가 쉽습니다. 이 점을 리더는 늘 유념해야 합니다. 꾹 참고 교사들의 이야기를 듣는데 힘써야 합니다. 교사들에게는 리더가 자신들의 이야기를 들어 주는 것만으로도 동기부여가 됩니다.

교사들에게 임파워링하기를 원한다면, 교사모임은 다음과 같은 내용을 가져야 합니다.

√ 개인적인 필요와 기도요청의 시간.
√ 사역에서 하나님이 하시는 일을 나누고 축하하기.

√팀을 훈련하거나 구비하는 시간.

√프로그램, 행사, 아이디어 등을 함께 피드백하고 토론하기.

√계획을 세우고 사역의 기쁨과 책임을 나누는 시간.

|둘째, 의사결정 과정에 참여시키라

교사들은 의사결정 과정에 참여하는 것만으로도 주인의식을 가집니다. 또한 자신들이 의사결정에 참여하여 결정한 일은 그것을 성공시키려고 최선의 노력을 기울이게 마련입니다. 반대로 자신이 참여 못한 상태에서 결정된 일에는 많은 관심을 두지 않습니다.

물론 모든 사안에 대해 모든 교사들이 모여 협의하고 결정할 수는 없습니다. 그렇게 되면 결정도 늦어지고 교사들의 시간을 불필요하게 소비하게 됩니다. 그러나 중요한 정책이나 안건에 대해서는 시간이 소요되더라도 그들의 생각을 구해야 합니다. 이런 결정은 리더 혼자 결정내리는 것보다 시간이 더 걸릴 것입니다. 그러나 교사들은 모두가 참여하고 고민하여 만든 '우리의' 결정에 더 큰 책임감을 느낍니다.

교사들이 의사결정 과정에 효과적으로 참여할 수 있도록 하기 위해서는 자신들의 생각과 의견을 자유롭게 나눌 수 있는 문화를 만들어 가야 합니다. 모든 교사들이 동의하는 것보다 이견이 있더라도 자신의 생각을 터놓고 말할 수 있는 편안한 분위기를 조성하는 것이 더 중요합니다. 머리를 맞대고 다양한 견해를 자유롭게 나눌 수 있게 만들고, 이견을 조정해 가면서 좋은 결론을 이끌어 내야 합니다. 격의 없이 토론하는 가운데 서로 지혜를 짜내다 보면 좋은 아이디어도 나오고 이것이 큰 성과로 이어집니다.

이를 위해서는 무엇보다 리더는 교사들의 말을 경청하려는 자세가 있어야 합니다. 문제가 있는 팀의 특징은 모임시에 쥐 죽은 듯이 조용하다는 것입니다. 솔직함은 사라지고 불편한 침묵이 흐르기 십상입니다. 서로 눈치만 볼 뿐 나서서 이야기하기를 꺼려합니다. 왜 그럴까요? 리더가 경청하는 사람이 아니기 때문입니다. 자만심과 독선적인 태도에 사로잡혀 교사들의 의견을 경시합니다. 자신의 아이디어나 계획이 여전히 최고로 좋은 것으로 믿기 때문입니다. 이런 리더는 교사들의 말에 귀를 닫고 충분히 고려하지 않기 때문에 좋은 기회들을 놓치곤 합니다.

리더가 경청하면 정보가 위로 올라가지만, 그렇지 않으면 정보가 제대로 흐르지 않습니다. 이런 문화를 원하지 않는다면, 리더는 귀담아 들으면서 배우는 자세를 유지해야 합니다. 리더는 현실에 대한 정보를 교사들과 공유하고, 방향과 문제점에 대해서 허심탄회하게 물어볼 수 있어야 합니다. 리더가 귀를 열면 교사들이 입을 엽니다.

둘째로, 리더는 분위기를 유쾌하게 만들기 위해 최선을 다해야 합니다. 이를 위해 적절한 유머 감각을 키워야 합니다. 교사들의 아이디어를 효과적으로 칭찬해 주는 기술도 익혀야 합니다. 칭찬은 교사들에게 자신감을 주고 개방적인 분위기를 만들어 주는 특효약입니다. 그러면 그들은 자신의 아이디어를 감추지 않고 자연스럽게 내어 놓을 뿐만 아니라 의사결정 과정에 적극적으로 참여합니다.

리더가 교사들과 의사 결정하는 5가지 방법

첫째, 리더는 자신이 가진 정보와 경험으로 홀로 결정한다.

둘째, 관련 교사들에게 정보와 자료를 요청하여 받는다. 그러나 리더가 홀로 결정한다.

셋째, 관련 교사들로부터 의견을 듣고 제안을 얻는다. 그러나 최종 결정은 리더가 한다.

넷째, 리더는 여러 정보와 자료를 근거로 하여 합의를 구한다. 또는 사회자 역할을 하며, 관련 교사들과 함께 회의를 하고 그들과 함께 결정한다.

다섯째, 리더는 제한을 정하고 결정을 위임한다.

* 네 번째 방법이 가장 바람직할 것이다.

−대화와 토론을 통해 서로가 납득하고 합의하는 가운데 거의 모든 문제를 풀어갈 수 있다. 그러기 위해서 리더는 관련 교사들이 각자의 의견을 충분히 말할 수 있는 분위기를 만들어 주고 토론할 수 있도록 이끌어야 한다.

−리더는 의사교환 과정에서 생기는 갈등을 두려워해서는 안된다. 상반되는 의견이 자유롭게 교환되는 과정에서 더 나은 결정을 가져올 수 있음을 믿고 건전한 토론을 유도할 수 있어야 한다.

−리더는 정보와 자료를 적절히 제공해야 한다. 그래야 좋은 계획이나 결정을 내리는데 도움을 줄 수 있다. 또한 목소리 큰 교사뿐 아니라 조용한 교사도 말할 수 있도록 격려해 주어야 한다.

* 다섯 번째 방법도 때로는 바람직하다.

−큰 틀 안에서 벗어나지 말아야 할 제한이나 범위를 정한다.

−그런 다음 리더가 아무 의견을 내지 않고 회의를 그저 지켜 볼 경우가 좋을 때도 있을 것이다. A되고 B도 될 때도 지켜보기만 하면 될 것이다.

| 셋째, 믿고 맡기라

이제 교회학교 리더가 과거처럼 "나를 따르라!"는 시대가 아닙니다. 그런 리더의 결정에 무조건 복종한다고 한들, 교사들은 동기를 부여받을 수가 없습니다. 그들에게 권한과 자율권을 주지 않는다면, 명령과 통제라는 기존방식에서 벗어날 수 없습니다.

교사들은 지시에 따라 행동하는 것보다 스스로 내린 결론이나 아이디어에 더 큰 애착을 갖습니다. 또한 리더가 자신들을 신뢰한다는 믿음을 가지게 되면 더 많은 시간과 노력을 투자합니다. 그래서 리더라면, 무조건 일을 맡겨야 합니다. 그 일이 기획이든, 자료수집이든, 행사진행이든, 프로그램 담당이든, 학년주임이나 교구장 등이 해야 할 교사통솔이든, 아니면 팀별 업무 담당이든 믿고 일을 맡겨야 합니다. 교사들은 어떤 역할에 대한 권한을 구체적으로 부여받게 될 때, 그 역할이 아무리 하찮을지라도 교사들은 마음에서부터 "내가 담당할 역할이 있구나"라고 생각합니다.

리더는 교사들의 능력에 대한 자신감을 표현하는 것만으로도 그들에게 동기를 부여할 수 있습니다. 모든 일을 일일이 챙기고 따지기 보다는 교사들을 신뢰하고 일을 맡겨서 그들이 자율성과 창조성을 가지고 봉사하도록 해야 합니다.

위임할 일을 분류하고 적절히 개입하라.

리더는 교사들을 계발하기 위해서 위임할 업무를 중요한 순서로 분류하고, 맡길 교사와 연결시켜야 합니다. 교사의 특성이나 장단점과 완료의 시기 등을 고려하여 일을 맡겨야 합니다. 그리고 일의 중요성과 이에 수반되는 위험 등의 분류 결과를 토대로 상당히 높은 수준으로 달성되어야 할 일은 무엇이며 그럭저럭 달성되어도 되는 일은 무엇인지를 파악해야 합니다.

준비가 잘 된 교사에게는 과감하게 일을 맡겨야 합니다. 또는 만에 하나 제대로 못했을 경우에 리더가 대처하여 뒤처리를 할 수 있다고 판단될 때도 과감하게 맡길 수 있습니다. 준비가 덜 된 교사이거나 역량이 모자라는 교사에게는 적절한 조언과 지원을 해야 합니다. 다만 지나치게 개입해서는 안됩니다. 맡겨놓고 참견을 멈추지 않고, 자기의견을 굽히지 않으면 임파워링할 수가 없습니다. 교사들은 자기 자신의 방식대로 잘 하리라고 신뢰하고 전폭적으로 지지해 주어야 합니다.

일을 주되, 분명한 범위를 설정하라.

경계가 없는 자유는 혼란과 불안정성을 야기합니다. 리더는 무엇을 기대하는지를 구체적으로 알려주고, 교사들의 권한과 책임의 범위를 분명히 정해주어야 합니다. 예를 들면, 교사들의 역량과 은사, 혹은 전문능력에 기초한 여러 직책과 팀들이 있다면, 그들이 할 수 있는 것과 할 수 없는 것에 대한 경계를 분명히 알려줘야 하며, 문서화된 매뉴얼을 작성할 필요가 있습니다.

업무기술

■ 담임목사

담임목사는 교회교육의 영적 최고 지도자요 교회교육에 대한 최종
적인 권한과 책임을 갖고 있다. **교육목회의 안목과 비전을 가지
고 교회학교에 대한 총괄적인 리더십을 발휘하며 지도 감독한다.

■ 교육정책 협의회(교육부 정책모임)

교육정책 협의회는 교육목사, 교육부장, 부서교역자, 부서부장, 간
사들이 정기적으로 모이는 협의체이다(확대 교육정책 협의회로 모
일 때는 교구장 및 학년장, 부서 팀장및 총무도 참석한다). **교회
교육의 장단기 정책 및 계획을 협의하고 결정한다. **교회교육 전
반(진단, 기획, 감독, 지원, 평가)을 협의하고 결정한다. ** 각 부
서간의 원활한 의사소통 및 상호조정을 이끌어 낸다. **필요한 경
우에는 교회학교에 필요한 요구사항들을 교회에 건의할 수 있다.

■ 행정지원팀

**교회학교의 전체행사를 준비, 실행하는 업무를 돕는다.
**교회학교 행정의 공백이 생기지 않도록 하며, 각 부서의 행정을
유기적으로 통합해내는 일을 담당한다.

■ 교육목사

교육목사는 담임목사로부터 목회적인 지도력을 위임받아 교회교육
의 운영을 책임을 진다. **교육방향과 정책의 수립 및 집행의 기획
및 심의에 있어서 중요한 역할을 담당한다. **각 부서의 운영과 프
로그램 개발에 관여한다. **교사들을 모집. 개발. 격려하며, 특별
히 교사교육 및 훈련의 책임을 진다. **교회학교 스태프들과 수시
로 대화하는 가운데 부서간의 조정역할을 하며, 각 부서를 관리 점
검하고 문제점을 파헤쳐 시정토록 격려한다.

■ 부서 교육전도사

부서의 교육전도사는 교육목사의 지도를 받으며, 해당부서에서 목회적인 지도력을 갖는다. **교회학교의 정책과 목적에 따라 부서를 운영하고 관리한다. **부서의 예배 인도, 설교, 성경공부 등을 맡아 수행한다. **부서의 행사 및 프로그램을 기획·실행·평가한다. **교사들의 사역을 관리하고 지도하며 그들에게 동기를 부여한다. **부서의 스태프들과 유기적인 관계 가운데 그들의 지도력 개발을 돕는다. **학생들의 지도력을 개발한다. **학부모들의 협조를 구하며, 교사들로 하여금 그들과 유기적인 관계를 형성하도록 격려·지도한다.

■ 간사

*담당 교역자를 도와 부서의 업무 연락 및 행정 실무를 맡는다. **부서의 행사 및 활동 계획을 세우고 실행하는 일에 있어서 실무적인 역할을 감당한다. **부서의 예배인도, 설교, 성경공부 등을 맡아 수행한다.

■ 교육부장

**교육부장은 교회학교 교역자들과 협력하여 수립된 정책과 계획이 효율적으로 추진하는데 중요한 역할을 감당한다. **교육부의 전체적인 행정업무에 지도력을 갖는다. **각부서의 재정출납에 대한 최종감독의 권한을 가진다. **교육부서 내의 스태프들과 인화하는 가운데, 각 부서들의 활동에 어려움이 없도록 행정적인 지원과 교회의 협력을 이끌어 내는 일에 힘쓴다. **교사수급에 힘쓰며, 교사들의 사기앙양을 위해 필요한 조치들을 취한다.

■ 부서 부장

부장은 부서의 행정적인 책임자로서 부서의 제반 운영을 책임진다. 부서 교역자가 교육적, 영적(신앙적)인 분야를 담당하고 있다면 부장은 부서의 사무·행정 전반을 총괄한다. 구체적으로, **교사모집을 위해 노력하며, 교사들을 격려하며 관리에 힘쓴다(친교, 인간관계, 출결관리, 애경사 등). 특별히 교사의 출결에 대해 항상 관심을 가지고 점검한다. **교사들의 의견을 잘 수렴하여 부서에 반영되도록 노력한다. **부서의 재정출납을 감독하며 재정확충을 도모한다. **교육계획에 따른 전반적인 운영을 지휘·감독한다. **교회기관 및 교육부서와의 협조를 이끌어낸다.

■ 교구장
**영아,유아,유치,아동부의 교구장은 해당교구의 리더로서 교구 교사들의 협동과 팀워크를 이끌어 간다. **각 교구별 목표를 수립·공유·실천하는 일에 지도력을 발휘하며, 교구의 행정을 처리한다. **교구장은 담당교구의 모임 및 기타 행사를 총괄한다. 특별히 목장활동이 미약한 교사들을 지원하고 도와줘서 열심교사와 발맞추어 갈 수 있도록 이끈다. **자신의 교구에서 교사를 모집하는 일에 최선을 다한다. **담당교구 교사들의 의견을 잘 수렴하여 전달한다.

*아동부 목장 소그룹 지원을 위한 교역자& 교구장의 역할
1. 목자가 목장 소그룹의 동기를 잃지 않고 영적인 민감함을 유지하도록 한다.
2. 목자들이 효과적으로 목장사역을 할 수 있도록 격려·준비시키고 세워준다.
3. 목자들이 목장을 위한 임무와 목표를 명확하게 세울 수 있도록 하고 좋은 결과를 얻도록 도와준다.
4. 중보기도를 통해 그들을 보호하고 지도하며 섬긴다.
5. 목장사역이 성장할 수 있는 환경을 조성한다.

■ 학년장
**중등부,고등부,고3/수험생부의 학년장은 해당 학년 교사들의 리

더로서 학년 교사들의 협동과 팀워크를 이끌어 간다. **학년별 목표를 수립 · 공유 · 실천하는 일에 지도력을 발휘한다. **해당 학년의 활동을 계획하고 해당교사들을 돕는 역할을 한다. **해당 학년 교사들의 의견을 잘 수렴한다.

■ 총무
**부서 교역자 및 부장을 도와서 부서의 사무와 행정, 혹은 재정에 관한 실무적 업무를 담당한다. **각종 교육 자료 물품을 공급, 관리한다. **각종 행사의 진행을 담당한다.

■ 각 팀들
행정팀
행정팀의 일은 부서의 총무 혹은 간사의 사역과 중복될 경우에는 상호 조정한다.
**사무물품, 상품, 간식 등을 구입 · 관리 · 배급을 담당. **인쇄물 주문 및 분배(주보, 통신문, 보고서 등). **교사명찰 관리 **〈목자일지〉 수거 및 교역자에게 전달.

서기- 출석상황을 파악, 보고한다. 각종 비치서류를 작성.정리.보관한다. 〈목자일지〉등의 각종일지 및 통계표를 보고 · 관리한다. 그 외 기타 문서를 정리 · 보관한다.

회계- 각종 헌금을 집계. 보고. 전달한다. 승인된 예산을 효율적으로 집행하여 부서의 금전 출납을 담당한다. 재정사항을 정규적으로 보고한다.

예배팀
**예배기획 및 평가를 통하여 예배를 발전시켜간다. 즉, 예배를 평가하며, 특별예배를 기획하며, 예배와 관련된 아이디어를 제공한다. **예배진행을 돕는 모든 도우미 역할을 맡는다. **예배 관련

담당자 배정 및 연락 등을 총괄한다.

영상팀
예배 및 각종 행사시에 필요한 영상장비와 음향 등을 점검하고, 영상자료를 준비·연출한다.

찬양율동팀
**예배및 행사시 찬양과 율동을 인도하고 보급한다. **악보, 가운, 악기를 보관한다.

행사실행팀(기획팀)
**행사 및 프로그램, 그리고 기타 각종 이벤트 혹은 특별행사를 기획하는 일에 협조하고 이를 실행하고 평가하는 일을 담당한다. **필요한 친교활동 및 레크리에이션을 준비하고 진행하는 업무를 담당한다.

홍보팀
**부서의 비전과 행사 등을 홍보한다. **부서와 관련된 자료를 출간한다. **홍보에 필요한 영상, 포스터, 팸플릿, 플래카드 등을 준비한다. **각종행사시 촬영을 담당한다.

양육팀
**양떼들의 영성훈련, 제자훈련, 리더교육 등의 지도력 개발에 필요한 업무를 담당한다. **양떼들의 심방이 원활히 되도록 목자들을 돕는다.

새친구팀
**부서의 새친구를 환영·관리·교육한다. **새친구가 등반·정착하는데 필요한 모든 일을 담당한다.

| 넷째, 점검하라

리더가 교사들을 동역자로 세운 후, 해야 할 일을 그들 스스로
추측해서 하도록 내버려두는 경우가 허다합니다. 사역을 분담한
다고 해서 리더가 그 일과 전혀 아무런 관계가 없어진다는 뜻이
아닙니다. 리더는 교사들의 자율성을 존중하되 그들 스스로 모
든 것을 알아서 하도록 내버려두어서는 안됩니다.

먼저 일을 맡길 때는 예산의 상하선, 시간적 범위, 인적 자원
의 제한 등을 명확히 해야 합니다. 그리고 일이 시작된 다음에
는 필요한 정보와 자원이 부족할 때 적절한 정보와 자원을 제공
해 주어야 합니다. 계속 용기를 북돋고, 필요하다면 도전도 던
져 주어야 합니다. 혹시 장애요인이나 문제점이 있다면 바로 잡
아 주어야 합니다.

리더가 점검한다는 것은 시시콜콜 조사하고 검열한다는 의미

가 아닙니다. 오히려 점검이란 사역에 참여한 교사들이 자신의 성장과 성취감을 얻을 수 있도록 도와주는 것을 말합니다. 그러기 위해서는 리더는 교사들의 능력에 따라 적절히 점검해야 합니다. 교사의 역량에 맞춰서 일의 진척여부와 결과들을 점검해야 합니다.

임파워먼트를 실행할 수 있는 능력이 거의 갖추어지지 않은 교사라면, 아주 구체적으로 일을 부여해야 합니다. 일을 아주 잘게 쪼개어 범위를 나누어 주고, 자세히 달라붙어 일의 성과를 보아 가면서 그 다음 단계로 넘어가도록 조정해 주어야 합니다. 그리고 지속적인 교육을 통해 맡겨진 일에 대한 주인의식을 키워주고 그들의 능력을 서서히 계발시켜 주어야 합니다.

반면에 어느 정도 능력이 갖추어진 교사에게는 재량권을 일부 부여하는 대신 그들이 취약한 부분에 대해서는 리더가 일정 부분 직접적으로 도움을 제공하는 것이 좋습니다. 그리고 임파워먼트를 실행할 수 있는 충분한 능력을 갖추고 있는 교사들에게는 조언과 폭넓은 가이드라인만 제공하고 모든 과업에 대한 재량권을 부여하는 것으로 충분할 것입니다.

교사들에 대한 기대를 현실적으로 조정하라

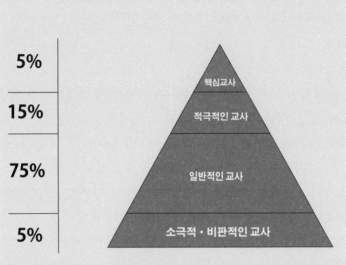

5%

15%

75%

5%

핵심교사

적극적인 교사

일반적인 교사

소극적 · 비판적인 교사

-약 5%의 교사들은 교사들 중의 리더이다.
-약 15%는 적극적인 교사들이다. 이들 20%가 리더십팀원이다.
-약 75%는 일반적인 교사들이다.
 리더는 '일반교사 그룹'을 최대한 '적극교사 그룹'으로 이끌어야 한다.
-나머지 5%는 불평을 늘어놓는 부류이다. 그러나 속 썩이는 자식
도 자식이다. 리더는 이들과도 잘 소통하여 '일반교사 그룹'으로 끌
어 올리도록 해야 한다.
 이들 5% 중에서 약 1／5(전체 100% 중 1%)은 불평과 무관심을 넘
어서서 놀라운 장애물만 만드는 냉소주의자들이다. 대부분의 교사
들이 기피하는 트러블 메이커일 가능성이 많다. 그들은 속히 교사
직을 관둘 수 있도록 조치를 취해야 한다.

|다섯째, 지지하고 격려하라

리더는 교사들이 자신의 능력과 은사에 따라 사역하는 과정 중에 어려움을 만나거나 어떻게 해야 할지 모를 때 그들에게 용기를 북돋아 주어야 합니다. 리더가 교사들에게 줄 수 있는 가장 큰 지지는 그들의 상황과 압박감 내지 부담감을 이해해 주는 일입니다. 리더는 교사들과 많은 시간을 보내면서 서로에 대해 충분히 이해하는 관계가 되어야 합니다. 감정적인 유대를 확보한 가운데 서로간의 자유로운 소통과 스스럼없는 의견교환이 오고 가야 합니다.

특별히 실패를 하더라도 격려를 아끼지 말아야 합니다. 임파워먼트는 새로운 아이디어를 생각해내고 과거의 관행에 얽매이지 않고 새로운 사역에 도전하는 것이기 때문에 당연히 시행착오가 따르기 마련입니다. 넘어지지 않고는 자전거를 배울 수 없는 것과 같습니다. 교사들이 위험을 감수하고 위임된 일을 주도적으로 추진하는 동안 발생할 수 있는 실패를 품어주고 격려할 수 있어야 합니다.

6장
리더십팀 개발, 누구를 어떻게 해야 하는가?

교사모집 → 비전발견과 공유 → 효과적인 소통 →

교사교육과 훈련 → 임파워링 → 리더십팀 개발

리더는 혼자 일하는 사람이 아닙니다. 혼자 일한다면 리더십이란 말 자체가 필요 없을 것입니다. 리더 혼자서는 진정으로 큰 일을 할 수가 없습니다. 훌륭한 리더는 팀원과의 관계를 만들고 다양한 사람들과 네트워크를 형성합니다. 교회학교에서 훌륭한 리더란 자신에게 의존하는 팀을 만드는 사람이 아니라, 교사들이 제 몫을 해냄으로써 언제나 승리하는 팀으로 만들어 놓는 사람입니다. 이를 위해 리더는 핵심스태프들로 구성된 리더십팀을 활성화하는 일에 최선을 다해야 합니다. 교회학교의 교육부장 (교육위원장), 각부서의 부장, 총무, 학년장(학년주임), 교구장 (마을장, 지역장), 각 팀의 팀장 등으로 구성된 리더십팀원이 하나 된 팀워크를 이루어 훌륭한 팀플레이를 펼친다면, 계속적인 승리를 가져오는 팀이 될 것입니다.

예수님은 어떻게 팀을 이끄셨는가?

신약성경에 나타나는 가장 강력한 팀에 대한 실례는 예수님이 이끄신 12제자 팀입니다. 팀사역의 가장 훌륭한 본을 보이신 분은 바로 주님이십니다. 예수님은 혼자 일하지 않으시고 제자들을 선택하고 그들을 팀으로 구성하여 일하셨습니다. 그 분은 전능하신 분이시며 마음만 먹으면 홀로 무슨 일이든지 하실 수 있는 분이셨습니다. 누구의 도움 없이도 사역하실 수 있는 하나님의 아들이셨습니다.

그러나 예수님은 결코 혼자 일하지 않으셨습니다. 늘 제자들과 함께 동역하셨고 당신의 능력과 권위를 제자들과 나누고 그들에게 전수하기를 원하셨습니다. 예수님은 그들과 많은 시간을 보내시며 하나님 나라의 비전을 심어주고 그것을 성취하도록 동기부여하셨습니다.

승천하시는 순간조차도 그들에게 당신이 하던 일을 계승하도록 명령하셨습니다. 주님은 제자팀을 모집할 때부터 주님 이후를 마음에 두셨을 것입니다. 예수님은 이 땅에서의 자신의 시간이 한정되어 있음을 아셨습니다. 그래서 제자들과 더는 육체적으로 함께할 수 없게 된 이후에 '가서 제자삼는' 사명을 수행할 리더십을 계승하는 데 우선권을 두셨던 것입니다.

성경에서 제자들이 홀로 있는 것으로 보도된 유일한 보고는 그들이 예수님이 체포된 후 뿔뿔이 흩어졌다는 보고입니다(마 26:56, 막14:50). 팀이 분열되었을 때 어떤 일이 일어났습니까?

얼마 전까지만 하더라도 열정적이었던 베드로는 홀로되자, 예수님을 부인하고 말았습니다. 다른 제자들도 두려움에 빠져 숨어 다니기에 급급했습니다. 팀으로 뭉쳐있을 때와 깨어져 있을 때는 하늘과 땅 차이였습니다.

바울 사도의 사역도 팀사역이었습니다. 그는 교회개척시 다른 리더들과 함께 하였습니다. 바울의 위대성은 교회의 리더들을 계발한 데에 있습니다. 그는 디도, 누가, 바나바, 디모데, 아볼로, 실라, 브리스길라와 아굴라와 같은 리더들을 계발함으로써 초대교회의 엄청난 선교 역사를 가능하게 하였습니다.

초대교회 사도들도 교회 안에서 준비된 팀원들과 지혜롭게 책임을 분담했습니다. 그들은 성령과 지혜가 충만하여 준비된 일곱 집사를 뽑았습니다(행6:3). 성도들의 필요를 채우기 위해 다른 사람들에게 권위와 책임을 부여함으로써 자신들의 리더십을 배가시킬 수 있었습니다.

리더의 진정한 가치는 리더십팀에 있다

리더의 역량은 리더십팀을 여하히 구축하느냐로 드러납니다. 훌륭한 리더십팀을 이루는 일은 어떻게 가능할까요?

|리더십팀을 원한다면, 존중하라

리더십팀을 만드는 일은 무엇보다 리더가 리더십팀의 가치를 알고, 리더십팀원을 존중할 때 가능합니다. 리더는 혼자 일하지 않고 팀의 리더들과 함께 일하며 계속해서 승리하는 팀을 이루도록 노력하는 사람입니다. 그러므로 리더는 리더십팀을 가치 있게 여겨야 하고 리더십팀원을 존중해야 합니다.

종종 대형교회에 가보면, 심리적 장애를 가진 담임목회자를 만나게 됩니다. 그는 주종관계를 즐깁니다. 부교역자들을 긴장시키고 책망하는 것을 자연스럽게 생각합니다. 그는 이것이 역동적이라고 생각합니다. 그래야 부교역자들이 최선을 다해 일하는 줄 압니다. 담임목사에게 그들은 지시의 수령자일 뿐입니다. 그러나 그들에 대한 존중감이 없기 때문에 진정한 소통은 찾아볼 수 없습니다.

또 어떤 교회에 가보면, 부교역자가 교육전도사를 하인 부리듯이 합니다. 한 가정의 귀한 자식이며, 누군가의 소중한 사람이며, 천하보다 귀한 사람에 대한 기본 존중감이 없습니다. 교육목사도 교육전도사를 군대 졸병 다루듯이 합니다. 전도사의 입장에서 결코 생각하고 배려하지 않습니다. 늘 지시만 해대고 평가만 하고 지적만 합니다.

이런 교회의 부교역자나 교육전도사가 교회를 사임하는 것은 교회를 떠나는 것이 아니라 윗사람을 떠나는 것입니다 그래서는 안됩니다. 그들도 한 인격체이고 소중한 하나님의 일꾼입니다. 리더십팀에서 누가 높고 낮은 자는 없습니다. 우리는 모두가 주연이고 모두가 조연이 되어야 합니다.

교회학교에서 직책은 다만 봉사를 위한 기능적인 구별에 불과합니다. 결코 계급의 차이가 아닙니다. 직책은 존재의 우열을 가리기 위한 것이 아니라 팀과 팀원을 섬기라고 주어진 것입니다. 리더는 나이와 직책에 상관없이 리더십팀원을 마음으로부터 존중하고 배려하는 사람이 되어야 합니다. 그때에야 비로소 훌륭한 리더십팀은 출발할 수 있습니다.

ㅣ리더십팀을 원한다면, 사람 농사꾼이 되라

리더가 사람 농사꾼이 될 때 리더십팀은 가능합니다. 교회학교에 필요한 핵심일꾼들은 저절로 생겨나지 않습니다. 리더그룹은 때가 되면 나타나는 것이 아닙니다. 리더가 이들을 발굴하고 키워내야 합니다. 이런 일은 교회학교의 리더에게 핵심적이고도 일상적인 활동이 되어야 합니다.

리더는 만들어 집니다. 리더는 평범한 교사들을 계발하는 대신 이미 다섯 달란트 받은 사람을 찾는 인력헌터가 되면 안됩니다. 한 달란트의 역량을 가진 교사일지라도, 그의 능력과 신실함에 걸맞은 지도력의 기회를 주고 도와주어서 다섯 달란트의 리더로 키워내야 합니다. 마라톤에 비유하자면, 리더십팀원 중에는 42.195km를 처음부터 완주할 수 있는 체력과 기술, 경험을 갖춘 마라토너도 있을 것입니다. 그러나 대부분의 스태프는 동네 산책로를 왕복으로 3km 뛰기도 힘들어 할 것입니다. 이들이 점점 기초체력을 다져 5km, 10km 구간에 도전하도록 도와주어야 합니다. 그리고 이들이 흥미를 더욱 느낀다면, 필요한 장비도 더 갖추도록 하여 하프코스와 나아가 풀코스를 달리도록 도전해야 합니다.

이처럼 리더의 진정한 가치는 잠재적인 리더들을 유능한 리더가 되도록 길러내는 일입니다. 리더를 키우면 팀은 자라게 되어 있습니다. 키워진 리더들이 팀의 미래를 밝힙니다. 리더십팀원은 온갖 어려움에도 불구하고 함께 해야 할 사람들입니다. 리더는 항상 이들을 생각하며 고민해야 합니다. "저 사람들이 성장할 수 있도록 내가 어떻게 도울 수 있을까?", "그들이 성장할 수 있도록 도울 수 있는 가장 좋은 기회와 방법이 무엇일까?"를 늘 생각해야 합니다.

|리더십팀을 원한다면, 일할 의욕을 만들라

리더는 리더십팀원이 신나게 일할 수 있도록 도와주어야 합니다. 리더란 혼자 유능하게 일하는 것이 아니라 리더십팀을 만들어 함께 재미있게 일하도록 하는 사람입니다. 리더의 역할은 리더십팀원들로 하여금 즐겁게 일할 수 있도록 명석을 깔아주는 것입니다. 그러기 위해서는 먼저 리더 자신이 즐겁게 일하는 사람이 되어야 합니다. 온갖 과제를 혼자 진 듯이 인상파가 되면 곤란합니다. 하나님이 주신 사명과 자리를 감사한 마음으로 받아들이고 봉사하십시오. 그러면 자신도 행복하고 리더십팀원도 덩달아 즐거워지고 엔도르핀이 솟아납니다.

그리고 리더는 "우리 리더십팀원이 일을 잘 할 수 있도록 내가 할 일이 무엇일까?", "어떻게 하면 봉사할 의욕이 생기도록 도와줄 수 있을까?" 항상 생각해야 합니다. 그렇게 의식적으로 골똘히 생각하면 좋은 아이디어들이 떠오를 것입니다. 그걸 실천하면 됩니다. 그렇게 될 때 리더십팀원은 각자의 리더십을 가지고 자신들의 힘과 은사와 지혜를 마음껏 발휘하는 가운데 승리하는 드림팀을 만들어 갈 것입니다.

리더십팀, 꼭 필요한 요소를 갖추라

|리더십팀 빌딩building을 위한 리더의 자질

리더십팀을 이루기 위해서 리더에게 필요한 자질은 다음과 같습니다.

리더십팀에 대한 강한 열망.

리더십팀원을 섬길 수 있도록 하나님께서 자신의 삶을 주관하고 계심을 믿어야 합니다. 그리고 그들과 함께하는 팀워크를 반드시 이루겠다는 기대와 열망으로 가득 차 있어야 합니다. 그리고 리더십팀을 통해 이루실 하나님의 일을 기대해야 합니다. 그때 하나님은 지혜와 협동심을 주시고 놀라운 열매와 부흥을 주실 것입니다.

리더십팀원에 대한 신뢰.

리더가 리더십팀원을 신뢰하지 못하면, 일상적인 일들은 그들에게 맡길 수 있지만 새로운 계획을 세우는 일이나 보다 모험적인 계획을 할 수 있도록 권한을 위임할 수 없습니다. 리더는 그들의 잠재력을 믿어야 합니다. 그래야 리더십팀원에게 보다 의미있는 일을 맡길 수 있습니다. 맡길 수 없다는 것은 신뢰하지 못하고 있다는 것을 말해 줍니다. 그들을 신뢰한다는 것은 맡긴다는 것입니다. 훌륭한 리더는 리더십팀원이 자기 자신을 믿는 것보다 더 믿어줌으로써 그들을 고무시키는 사람입니다.

존중에 바탕한 소통.

　의사소통을 커뮤니케이션 기술로 오해하면 안됩니다. 제 아무리 세련된 대화기술을 가지고 있더라도 상대를 존중하고 사랑하는 마음이 없으면 제대로 소통할 수 없습니다. 소통의 핵심은 상대방에 대한 존중입니다. 리더십팀원을 존중하면 그들의 생각을 자연스레 경청하게 됩니다.

　세상의 많은 리더들은 부하 직원을 자기 밑에 있는 사람 또는 자기가 데리고 있는 사람 정도로 여기고 대합니다. 그런데 적지 않은 교회의 지도자들 조차도 교회스태프들을 이렇게 여깁니다. 이런 인식 하에서는 절대로 소통이 이루어 질 수 없습니다. 오히려 불통을 느끼게 됩니다. 소통은 마음과 마음을 주고받는 것입니다. 소통은 상대를 한 인격체로 자신과 동등한 존재로서 존중할 때만이 가능합니다.

자신의 직위로 누르지 않고,
리더십팀원 의견을 존중하기 위한 실천사항

-찌푸리지 말고 유쾌한 표정을 유지하라.
-말을 줄여라. 정말 각오하고 줄여야 한다.
-팀원의 말을 중간에 자르지 말라.
-자기 자랑을 하지 말고 팀원을 자랑하라.
-자신의 생각에 이견을 제시하는 자를 마음으로 감사하고 편하게 대하라.

신뢰성 갖추기.

자신을 신뢰하지 않는 사람들을 이끄는 것은 불가능합니다. 그것은 어떤 조직이든 예외가 없습니다. 심지어 가정에서 조차도 그렇습니다. 신뢰받는 리더가 되기 위해서는 무엇보다 정보를 공유해야 합니다. 문제에 대해 솔직히 이야기하고, 관련된 정보를 자유롭게 공개할 수 있어야 합니다. 둘째, 공정한 리더가 되어야 합니다. 의사결정을 내리거나 조치를 취하기 전에 리더십팀원이 이러한 것들을 공정성과 객관성에 입각하여 어떻게 인식할지를 생각해야 합니다. 셋째, 일관성을 보이고 솔선수범해야 합니다. 비전과 신념에 따라 행동하고, 말과 행동이 일치하려고 노력하며 솔선수범하는 모습을 지녀야 합니다. 넷째, 맡은 일에 대한 능력과 전문성이 있어야 합니다.

마지막으로, 인격을 갖추어야 합니다. 약속을 지키는 진실된 인격을 갖출 때 리더십팀원은 리더를 따릅니다. 그리고 인간적인 사람이 되어야 합니다. 허세를 부리지 않고, 가식없이 있는 그대로의 모습을 보여야 합니다. 또한 정직해야 합니다. 리더가 잘못된 동기로 거짓말을 하고 그것이 드러나면, 결코 신뢰를 확보하거나 유지할 수 없습니다.

인내하며 오래 버티기.

리더십팀원이 자기 역할을 척척 해내면서 팀워크를 빠른 시일 내에 이룰 것이라고 생각한다면 이는 이상적인 기대에 불과합니다. 팀은 하룻밤에 변화되지 않습니다. 제자들과 함께 한 주님의 사역을 생각해 보십시오. 그들과 3년을 보내고 나서야 제자들은 제대로 된 팀워크를 형성할 수 있었습니다.

예수님께서 3년을 지나서야 팀워크를 세우셨다면, 우리는 더 말할 것도 없습니다. 우리는 자신을 여전히 리더로 인식하지 못하는 교사들을 이제 겨우 리더십팀의 일원으로 불러왔을 뿐입니다. 그들은 교회학교에서 리더십 경험이 전혀 없을 수도 있습니다. 그러므로 그들이 시행착오를 겪더라도 리더는 깊은 신뢰를 보여주어야 합니다. 그래야 포기하지 않고 힘을 얻어 리더의 역할을 해낼 수 있습니다. 열심히 일하고, 열심히 기도하되, 하나님이 여러분의 삶과 일에서 그렇게 하셨듯이 인내해야 합니다.

│리더십팀 빌딩building을 위한 팀원의 자질

훌륭한 리더십팀을 원한다면, 리더십팀원은 중간리더로서 다음과 같은 자세를 가져야 합니다.

확실한 구심점이 되는 리더를 존중하는 마음.

팀리더십을 이루기 위해서는 비전 제시자가 있어서 비전을 제시하고 도전을 주는 사람이 필요합니다. 비전을 현실화하는 과정에서 교사들이 낙심하지 않고 달리도록 하는 리더가 필요합니다. 리더십팀원은 이러한 리더를 존중해야 합니다. 부모를 돈기계로만 생각하고 존경하지 않는 자녀들이 있는 가정, 사장을 욕하는 직원들로 득실거리는 직장이 좋을 리가 없습니다.

교회학교도 마찬가지입니다. 리더십팀원은 구심점이 되는 최종리더를 아껴야 합니다. 부족한 면이 있고 실수가 있어도 덮어주는 마음이 있어야 합니다. 그의 리더십을 인정하고 그를 중심으로 뭉쳐야 합니다.

서로간의 이해와 신뢰.

이해와 신뢰는 리더십팀이 원활하게 돌아가도록 하는 윤활유와 같습니다. 서로가 가치 있는 공헌을 하고 있음을 느끼고 서로가 서로에게 중요한 일원임을 알아야 합니다. 리더십팀원이 서로에 대해 충분히 이해하는 가운데 감정적, 사회적 유대를 가질 수 있고 나아가서 서로간의 스스럼없는 의사소통이 가능합니다.

제가 교육총괄 디렉터로 섬겼던 교회에서의 일입니다. 모든 부서의 교역자와 평신도 리더들이 분기별로 토론하는 정책모임을 만들었습니다. 처음에는 부서의 리더들이 자기 부서의 일이 아니면 관심을 그리 기울이지 않았습니다. 심지어 부서 이기주의로 갈등을 빚기도 했습니다.

그러나 리더십팀원으로서 신뢰를 점차 가지게 되면서, 함께 의견을 나누고 정책추진에 대한 공감대를 형성하게 되었습니다. 부서의 큰 행사나 프로그램이 있으면 시간이나 장소도 서로 기분 좋게 양보하고 조정할 수 있었습니다. 남의 일이 아니라 우리의 일이라는 이해와 신뢰가 쌓이게 된 덕분입니다.

주인의식.

리더십팀원은 리더의 관점에서 생각하고 행동해야 합니다. 모두가 함께 비전과 핵심사역의 우선순위를 공유하고 머리를 맞대어야 합니다. 교육목사와 교육전도사는 대부분 오랫동안 그 교회에서 사역하실 분들이 아닙니다. 특히 교육전도사는 자주 교체되는 것이 한국교회의 현실입니다. 그들이 떠나도 흔들림 없는 교회학교를 유지하는 것이 중요합니다. 아니, 많은 교회들은 아예 교육전도사 없이 평신도 리더들이 이끌어 가고 있습니다.

그런 점에서 평신도 리더들이 주인의식이 없으면 교회학교는 늘 어려움을 겪을 수밖에 없습니다. 하지만 평신도 리더들이 "우리가 주인이다!"라는 생각을 가지게 되면 달라집니다. 교회학교의 주인은 전도사가 아니라 평신도입니다. 전도사는 떠나는 사람이고 평신도 리더들은 계속 남아 있을 사람입니다.

리더십팀 개발을 위한 Five Do-It

드림팀을 원한다면 리더그룹을 개발해야 합니다. 교회학교 리더의 중요한 역할은 좋은 프로그램을 개발하는 것이 아니라 좋은 리더들을 계발하는 것입니다. 여러분의 교회학교에서 훌륭한 리더십팀을 만들기 위해 필요한 5가지 실천사항은 다음과 같습니다.

첫째, 잠재적인 리더들을 현명하게 선택하라

리더는 미래의 리더들을 발견하고 선택해야 합니다. 많은 교사들 중에서 잠재적인 리더들을 발굴하고 계발하는 일은 교회학교의 미래를 위해 중요한 기초를 놓는 일입니다. 이를 통해 사역을 분담할 뿐만 아니라 다음 지도력 계승을 착실히 준비할 수 있습니다.

여러분 교회학교의 교사들을 찬찬히 떠올려 보십시오. 현재의 교사들 중에는 반드시 잠재적인 리더급의 교사들이 있음을 믿고 그들을 찾아내십시오. 전혀 없다고 생각이 들면 다시 한 번 생각해 보십시오. 여러분은 너무 많은 기준을 세워놓고 찾을 가능성이 많습니다. 교사 한 분 한 분을 생각해 보십시오. 잘 보이지 않는 장점과 잠재력을 지닌 분들이 반드시 있습니다. 교회학교의 비전과 핵심사역에 부합하여 함께 할 수 있는 자들, 섬기는 자세가 되어 있는 자들, 긍정적이고 충성스러운 자들, 그리고 그리스도인의 좋은 성품과 믿음을 가진 자들을 얻게 될 것입니다.

| 둘째, 더 많은 시간을 투자하라

완전한 리더십은 완전한 관계 속에서 이루어집니다. 리더십은 리더가 항상 리더십팀원에 대해 관심을 갖고 그들을 알고자 노력하며, 존중하고 격려하는 가운데 강하게 발휘됩니다. 리더는 자신을 따르는 사람들과 개인적인 좋은 관계를 형성할 줄 알아야 합니다. 리더십이란 의미있는 관계를 통해서 형성되기 때문입니다. 그들과 교제하고 연합하여 기도하기 위해 시간을 투자해야 합니다.

무엇보다도, 그들에게 적절하고 긍정적인 반응을 보여야 합니다. 감사와 칭찬을 아끼지 마십시오. 그들을 신뢰하십시오. 그러면 그들이 여러분을 신뢰할 것입니다. 그들을 위대하게 대하십시오. 그러면 그들은 스스로 위대하게 행동할 것입니다. 그때 그들은 이미 리더의 역할을 하는 것입니다.

한편 리더는 리더십팀원과 갈등하는 시간이 있을 수 있음을 인식해야 합니다. 그들과 함께 사역을 하게 되면 성격이나 스타일의 차이로, 혹은 사역했던 교회의 문화적 차이로 어려움에 봉착하기도 합니다. 리더는 이런 갈등과 도전을 자연스러운 일로 받아들이고 지혜와 인내로 넘기면, 자연스럽게 리더십팀 내부에 감정적인 유대와 나름대로의 조정능력과 문화가 생겨납니다. 그때에야 비로소 큰 걸음으로 함께 나아갈 수 있습니다.

| 셋째, 비전과 핵심사역의 오너Owner가 되게 하라

리더가 "이번 주일까지 할 일만 해도 산더미같이 많은데 무슨 비전이냐?"고 한다면, 그는 자신이 몸담은 교회학교의 정체성에 대한 고민 없이 단순히 이번 주일의 예배를 잘 진행하고, 행사를 잘 치르고, 행정일을 깔끔하게 처리하는 등 교회학교가 잘 돌아가도록 하는 일에만 관심하는 현상유지자에 불과합니다.

리더는 비전이란 교사들을 끌어들이고 참여하게 하고 헌신하게 하는 강력한 힘이라는 것을 아는 사람입니다. 그런데 이를 효과적으로 가능하게 하는 힘은 리더십팀원으로부터 나옵니다. 리더가 불쑥 결정한 비전과 전략을 리더십팀원에게 전달한다면 어떤 반응이 일어나겠습니까? 이런 현상은 신뢰가 없는 조직이 겪는 수많은 비효율로 연결됩니다. 이러한 일이 일어나지 않도록 리더는 비전과 핵심사역을 명확히 설정하는 과정에서, 리더십팀원과 함께 모여 서로의 속을 털어놓고 함께 방향을 잡아가야 합니다.

이렇게 공동의 비전과 핵심전략과 목표가 설정되었다면, 리더는 리더십팀원이 비전과 이를 이룰 수 있는 핵심사역을 교사

들에게 홍보하고 공급하는 마케터Marketer가 되도록 이끌어야
합니다. 비전을 전달하는 일을 최고 리더의 역할로 한정한 채 리
더십팀원이 침묵하면 비전은 효과적으로 전파될 수 없습니다.
반대로 모든 리더십팀원이 일사불란하게 비전을 교사들에게 전
파할 때 비전은 실질적으로 가시화됩니다. 또한 비전에 근거하
여 핵심사역을 구체적으로 어떻게 실천할지를 함께 논의하는 과
정을 거쳐야 아래로까지 그 힘이 전달될 수 있습니다.

| 현장노트 |

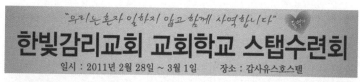

T.E.A.M Spirit

(Together Everybody Accomplishes More)

"우리는 혼자 일하지 않고 함께 사역합니다."(전4:9~12)

일시: 2월 28일(월)~3월 1일(화)

장소: 계룡산 갑사 유스호스텔

목적: 교회학교 스탭들의 단합및 교제

　　　교회학교 정책공유및 각부서 실천방안 및 프로그램 논의

일정

일 시	시 간	내 용	장 소
2월28일 (월)	6:50 – 7:30	교회에서 출발, 유스호스텔 도착및 방배정	교회→갑사
	7:30 – 8:30	저녁식사	유스호스텔 식당
	8:30 – 8:40	Tea Time	세미나실
	8:40 – 9:30	친교시간(레크레이션)	세미나실
	9:30 – 11:30	정책회의 / 기도회	세미나실
	11:30 –12:30	부서별 모임	각방
	12:30 –	취침	각방
3월1일 (화)	7:00 – 7:30	기상및 세면	각방
	7:30 – 9:00	등산	유스호스텔→대자암
	9:00 – 9:40	아침식사	유스호스텔 식당
	9:40 – 10:00	Tea Time	세미나실
	10:00 –11:30	전체모임 / 기도회	세미나실
	11:30 – 11:50	짐정리 및 출발	각방
	12:30 – 1:30	점심식사	고개마루

2013년 교회학교 스탭수련회(교육부 확대정책 모임)

일시:2월 28일(목)~3월 1일(금)

장소: 좋은 기도 동산

일정

일시	시간	내용	장소
2월28일 (목)	7:30 ─ 8:20	교회에서 출발, 기도원 도착	교회→기도원
	8:20 ─ 8:30	방배정	각 방
	8:30 ─ 8:50	저녁요기(간식) / Tea Time	세미나실
	8:50 ─ 10:20	확대 정책모임	세미나실
	10:20 ─ 10;30	Tea Time	세미나실
	10:30 ─ 11:10	기도의 향연	세미나실
	11:10 ─12:30	부서별 모임	각 방
	12:30 ─	취침	각 방
3월1일 (금)	7:00 ─ 8:00	기상및 세면	각 방
	8:00 ─ 8:30	아침식사 / Tea Time	기도원 식당/세미나실
	8:30 ─ 9:00	담임목사님과의 대화	세미나실
	9:00 ─ 9:40	특강	세미나실
	9:40 ─ 9:50	Tea Time	세미나실
	9:50 ─10:20	전체모임("부장님, 말씀하옵소서")	세미나실
	10:20 ─ 11:50	모두함께 산행하며 경치구경	부소담악(추소정)
	11:50 ─ 12:30	대전 도착	기도원→대전
	12:30 ─ 2:00	점심식사	제주유기농 쌈밥촌 (판암 사거리)
	2:00 ─	교회로! 집으로!	

정책모임 : 핵심전략 세우기 제 1과정(문제발굴과 갱신작업)

A. 교회학교에서 가장 잘한 점(가장 좋았던 점) 5가지를 쓰십시오
-이 점을 어떻게 계승, 발전시킬 것인가?

B. 교회학교의 문제발굴
1. 개념형성/구체적 사고
-우리 교회학교에서 느끼는(안고 있는) 문제는 무엇인가?
 잘 안 되고 있는 것은 어떤 것들인가?
-비슷한 종류끼리 묶음(grouping)
-묶은 이유와 명칭 정하기(group naming) : 드러난 문제점이 어
떤 말로 정리, 표현될 수 있는가?
-첨가할 내용은 없는가?

2. 개념획득/문제의 공감
-내용과 현실을 비교하기
-문제내용의 재점검
-교회학교 현장에서 비슷한 경험 나누기

3. 일반화 형성
-무엇을 알고, 보고, 찾았나?
-왜 그런 일이 일어났는가?

C. 갱신작업
4. 원리의 적용
-문제의 원인은 무엇이며, 또 그것은 제거될 수 있는 것인가?
-이 문제는 우리 부서만의 관심인가? 또는 다른 부서와 함께 풀어
야 할 문제인가? 혹은 교회차원에서 해결해 주어야 할 문제인가?
-남은 문제가 무엇인가?

정책모임:핵심전략 세우기 제 2과정(실제작업)

A. 운영기획 – 4대 핵심사역을 성취하기 위한 중점전략

4대 핵심사역을 이루기 위해 우리 부서는 어떤 전략을 사용할 것인가?

B. 실무기획 – 중점전략을 이루기 위한 실제적인 방법들

위의 중점전략들을 이루기 위한 구체적인 방법들, 프로그램들, 아이디어들을 찾아본다. 혹은 해결하거나 개선해야 할 점들을 찾아본다.

|넷째, 더 많은 권한을 부여하라

리더는 리더십팀원이 보다 효율적으로 분산화, 분권화하여 부서와 교회학교를 이끌어 가도록 도와주어야 합니다. 이들에게 더 많은 권한을 부여하여 네트워크화된 주체로 일하도록 세워주어야 합니다. 이런 교회학교가 성장 잠재성이 높은 교회학교입니다. 교회학교 성장은 중앙집권적으로 최종리더가 내리는 지시를 통해서가 아니라 이들이 주도권을 가지고 중간리더의 역할을 잘 감당할 때 일어납니다.

건강한 네트워크는 통제가 아닌 권한의 부여에서 가능합니다. 권한을 부여한다는 것은 시킨 것만 하라는 식의 권한이 아니라 리더의 결정권, 선택권을 줌으로써 팀을 이끌 기회를 주는 것을 말합니다. 리더의 가장 중요한 일은 무엇보다도 리더급 교사들을 훈련하고, 격려하고, 능력을 부여하여 자신이 성취할 수 있는 것보다 더 큰 일을 하도록 풀어주는 것입니다.

임파워링이 문화가 되게하라.

리더십팀원이 중간리더로서 맡은 자신의 일에서 의미를 찾고 스스로 도전하도록 하는 일이 교회학교의 문화로 정착되어야 합니다. 리더란 리더십팀원의 자발성을 건드리는 동기부여를 통해 비전과 목표를 달성하는 사람입니다. 리더는 정원사와 같습니다. 리더십팀원에게 '신바람'이라는 물을 주어 그들로 하여금 교사들을 이끌 뿐만 아니라 맡은 일을 스스로 하도록 하는 사람입니다. 그런 의미에서 리더는 리더십팀원에게 지시하고 통제하기보다 그들 스스로 자신의 주도권과 경험을 가지고 일할 수 있도록 하는 문화를 만들어 가야 합니다.

교회학교 리더는 자신이 지금까지 맡아왔던 일들이나 새롭게 시작하려는 일을 리더십팀원에게 맡길 때는 내심 못 미더워서 일일이 간섭하지 말고 과감하게 맡겨 그들의 역량을 마음껏 발휘하도록 도와야 합니다. 책임과 의무만 위임하지 말고 그에 상응하는 권한을 과감하게 내어 주어야 합니다.

또한 리더는 일을 맡긴 리더들이 좋은 성과를 내지 못하거나 결과가 좋지 않아도 다시 도전할 수 있는 자극과 격려를 할 수 있어야 합니다. 많은 리더들은 일을 맡긴 사람이 작은 실수라도 하면 그 일을 자신이 꿰차 버립니다. 그리고는 도대체 일을 믿고 맡길 만한 사람이 없다고 불평을 합니다. 그러나 리더가 다른 사람의 시행착오를 참지 못하면 리더 본인은 물론이고 팀도 성장하지 못합니다. 리더십팀원이 성장하고 학습할 소중한 기회를 놓치는 것에 대해서는 전혀 생각하지 않습니다.

리더는 실패를 리더십팀원을 성장시켜주는 계기로 만들어 줄 수 있어야 합니다. 실패를 못마땅하게 여기기보다 당연하다는 듯이 넘어가 주어야 합니다. 오히려 이를 통해서 무언가 배울 수 있는 시간이 되었음을 말해 주어야 합니다. 그러면 리더십팀원은 그 실패를 원동력삼아 자신이 역량을 더욱 힘차게 펼치고 더 많은 도전을 할 수 있을 것입니다. 임파워먼트란 바꾸어 말하면 '기회제공'을 뜻합니다. 실패할 기회와 이를 통한 학습의 기회를 제공하는 문화가 필요합니다.

마지막으로, 리더는 임파워링의 모든 책임을 자신이 감수하는 자세를 가져야 합니다. 임파워링 하는 리더십이란 일은 맡기되 최종책임은 자신이 끝까지 지는 것을 의미합니다. "일을 맡겼으니 책임도 당신이 져야 한다."는 태도는 리더의 자세가 아닙니다. 만약 리더가 그렇게 한다면, 리더십팀원은 책임을 지지 않으려고 아주 소극적으로 행동합니다. 그래서 나온 말이 '복지부동'伏地不動 아닙니까? 시키지 않는 일은 굳이 나서지 않습니다. 하라는 것 외에는 아무 것도 하지 않습니다. 나중에는 '복지안동'伏地眼動의 경지에 이릅니다. 맡은 분야의 직함만 가진 채 땅에 납작 엎드려 눈알만 굴리며 눈치를 살피는 것입니다.

이런 잘못된 문화가 지배하게 되면 아무런 역할도 못하는 껍데기 리더십팀만 남게 됩니다. 그러나 리더가 매는 자신이 맞겠다는 자세로 리더십팀을 보호해 주고 무한 책임을 지는 자세로 나가면, 리더십팀원은 무사안일에서 벗어나 승리하는 팀의 문화를 만들어 갈 수 있습니다.

일을 시키지 말고 맡겨라.

임파워먼트는 자신이 바쁘거나 시간이 없어서 아랫사람에게 일을 할당해 주는 것이 아닙니다. 또한 귀찮은 일이니까 아랫사람에게 일을 시키는 것도 아닙니다. 만약 하찮고 골치 아픈 일은 남에게 할당하고 좋은 것은 모두 자신이 하려고 하는 것은 끔찍한 리더십입니다. 임파워먼트는 맡은 사람의 성장과 조직의 성장을 기대하면서 일을 맡기는 것입니다.

또한 일을 처리하는 방식까지 상대에게 일임하는 것입니다. 일을 '시키는' 사람은 상대가 항상 자신이 생각한 대로 움직이지 않으면 마음을 놓지를 못합니다. 그래서 일을 시키고도 진행방식이나 일정에 일일이 개입하고 자신이 통제하에 두려고 합니다. 차라리 전부 혼자 하는 편이 속 편하다고 생각할지도 모르겠습니다. 이처럼 권한을 주지 않고 일을 시키게 되면, 그 일을 받은 사람의 입장에서는 자신의 성과와는 무관한 일, 귀찮은 일이 되고 말 것입니다.

그러나 일을 '맡기는' 리더는 그 일의 진행방식을 비롯하여 세세한 부분을 그 일을 맡은 사람이 직접 고민하고, 결정하고, 진행할 수 있도록 권한을 줍니다. 그것은 그 사람을 리더로 키우려고 하기 때문입니다. 일을 맡기는 리더는 이처럼 리더십팀원이 성장할 수 있는 기회들을 제공해 줍니다. 중간리더로서 해보고 싶은 일을 시도해 볼 수 있도록 지원하고 격려해 줍니다. 필요하다면 그들을 위해서 더 많은 재정을 투자하고 그들을 위한 특별한 모임과 훈련, 자원도 아낌없이 투자해야 합니다.

빛나는 별이 되게 하라.

일을 맡길 때는 그들이 빛날 수 있도록 해주어야 합니다. 일을 잘 마쳤을 때 그들의 공을 진심으로 인정하고 공개적인 자리에서 칭찬을 아끼지 마십시오. 이런 일을 통해 리더십팀원의 위상을 확실하게 인정해 주어야 합니다. 그럴수록 그들은 스스로를 중간리더로 생각하고 움직이고 다른 교사들도 그렇게 인정하기 시작합니다.

일을 맡기되 실패에 대한 대안을 준비하라.

리더는 리더십팀원에게 교회학교의 여러 일을 맡길 때는, 최악의 실패에 대한 대책을 가지고 있어야 합니다. 예를 들면 일을 넘겨받은 리더들이 중간에 발을 빼거나 포기하는 상황이 올 수도 있습니다. 리더는 만일의 사태가 일어날 경우까지 고려하여 대안을 미리 생각해 두어야 합니다. 그리고 정말 중요하거나 실패할 경우에 대처하기 곤란한 일은 다른 사람에게 맡겨서는 안 됩니다. 리더가 반드시 해야 합니다.

| 다섯째, 그들을 위해 기도하라

리더는 섬기는 자세를 가질 때 리더십팀을 완성할 수 있습니다. 그들을 기꺼이 섬길 때에, 그들은 리더를 신뢰하고 끝까지 함께 길을 걸을 준비를 합니다. 예수님은 세속적인 리더십과는 다른 '섬기는 리더십'을 보여 주셨습니다. 기독교 리더의 진정한 표지는 타인을 섬기려는 자세입니다.

섬기는 리더는 무엇보다도 함께하는 리더십팀원을 위해 무릎

꿇는 기도를 해야 합니다. 대적자는 여러분의 틈새를 파고들어 분열과 갈등을 가져오기 위해 발버둥칠 것입니다. 기도는 여러분의 사역 가운데 맛볼 온갖 시련과 어려움을 견딜 수 있도록 할 능력이 될 것입니다. 기도의 강력한 진지가 있을 때에 위대한 리더십팀을 이룰 수 있습니다.

리더십팀원을 위해 쉬지 말고 기도하십시오. 여러분의 기도는 리더십팀을 통해 일하시는 하나님의 놀라운 역사를 불러올 것입니다. 리더십팀원을 구성하고 있는 한 분 한 분을 위한 여러분의 기도는 교회학교의 놀라운 부흥을 결정짓는 가장 생산적인 노동이 될 것입니다.

결어
교회학교 성공의 이름은 '팀사역'이다

팀을 만드는 것은 쉽습니다. 그러나 팀을 활기 있게 유지하는 것은 결코 쉬운 일이 아닙니다. 이를 위해서는 사람을 세워서 그들을 승리하는 팀으로 이끄는 리더십이 필요합니다. 성장하는 교회학교는 결코 소수의 힘으로 이루어지지 않습니다. 혹은 모든 교사들이 제각각 훌륭한 개인플레이로 자신의 분반을 잘 운영한다고 이루어지는 일도 아닙니다. 성장하는 교회학교는 교회와 교사들이 하나가 되어 만들어 내는 팀워크에 달려있습니다.

담임목회자로부터 모든 교사들이 효과적으로 교사를 모집하는데 힘을 모으고, 비전과 핵심사역으로 같은 마음 같은 뜻을 품고 나아가야 합니다. 담임목회자로부터 온교회와 성도가 교사를 인정하고 존중하며, 지속적인 교사의 자기 성장과 훈련의 기회를 제공해야 합니다. 그리고 튼튼한 리더십팀을 중심으로 교회학교의 많은 일들을 함께 분담하는 가운데 주인의식을 가지고 봉사할 때 승리하는 팀을 이룰 수 있습니다.

이런 교회학교는 "우리 모두는 함께 한다."는 긍정적인 정서로 넘칠 것입니다. 긍정적인 사고는 개인에게만 해당되는 것이 아닙니다. 교회학교라는 팀에도 긍정적인 정서와 사고를 불러올

수 있습니다. 교회학교를 세우는 리더십의 비밀은 다름 아니라
여기에 있습니다.

얻지 못함은 구하지 않기 때문이다(약4:2)

교회학교 리더들은 월드 스타들로 팀을 구성하여 손쉽게 승리
를 이끌어 내는 감독이 아닙니다. 오히려 재능이 많지 않은 선
수들을 데리고 경기를 준비하는 감독과 같습니다. 훈련 환경이
나 팀의 선수들에게 불평하는 것은 아무런 득이 되지 않습니다.
오히려 시간을 두고 선수들의 기량과 팀스피릿을 올려서 한 게
임이라도 승리하려는 것이 감독입니다. 잠재력을 가진 선수들을
잘 살펴서 팀으로 데려와야 하는 것도 감독입니다.

교회학교 리더십은 팀의 승리를 추구하는 정신과 이를 위해
경기를 지배하려는 태도에서 가능합니다. 미국 프로풋볼(NFL)
의 살아있는 전설 빈스 롬바르디는 "승리가 전부는 아니다. 이
기고 싶어 하는 마음이 더 중요하다."고 말한 적이 있습니다.

팀워크가 필요한 이유는 승리하기 위해서입니다. 그러나 이에
앞서 필요한 것은 승리를 구하는 우리의 집념입니다. 우리는 이
시대 엄혹한 교회학교의 침체기 앞에서 그저 패배나 면하기 위
해서 경기장에 나가 있는 감독이 아닙니다. "이만하면 잘 싸웠
다."라는 생각을 버려야 합니다. 이만큼이라도 잘 싸우는 것으
로는 안됩니다. 아무리 교회학교가 어려움에 처해 있을지라도
무력함을 선택해서는 안됩니다. 담대한 믿음과 용기를 가지고
승리를 염원해야 합니다.

빈스 롬바르디가 말했듯이, 승리는 습관이 되며 유감스럽게도

패배도 그러합니다. 우리는 경기의 주도권을 가지고 뛰도록 선수들을 격려하고 도전해야 합니다. 그것은 승리를 염원하기 때문입니다. 그것이 경기에 임하는 리더의 자세입니다.

우리 모두가 전국 곳곳에서 승리의 열망으로 뛰십시다. 숨이 차도록 함께 달리고, 소리높여 파이팅을 외칩시다. 여러분의 팀워크를 통하여 리바이벌Revival 교회학교를 우뚝 세우고, 다음세대를 하나님의 세대로 계승하기를 기도합니다.